Frédérique Cintrat

Comment l'ambition vient aux filles ?

- Des histoires vivifiantes
- 15 trucs et astuces pour réaliser ses ambitions

EYROLLES

Je dédie ce livre à toutes les petites filles, les jeunes filles (et à leurs parents), ainsi qu'à toutes les femmes en général.

Remerciements

Mes remerciements vont en premier lieu, pour leur soutien affectif, à mes très proches, à Antoine et à Victor, mes fils chéris, ma plus belle réussite, à Yves mon époux, mon complice au quotidien, et à mes parents, pour tout ce qu'ils m'ont transmis et leur appui sans faille.

Je remercie également les neuf femmes, Ophélie, Carol-Anne, Raghia, Sandrine, Patricia, Christine, Frédérique, Nadia et Nicole, qui ont accepté de participer à ce projet et se sont confiées à moi.

Merci à Anne Guilllaumat de Blignières qui m'a fait l'amitié de rédiger la préface. Merci également à Viviane de Beaufort et Brigitte Grésy qui ont bien voulu répondre, pour la première à quelques questions sur l'ambition, et pour la seconde sur le sentiment de légitimité des femmes.

Je remercie toutes celles et ceux que j'ai cités de façon anonyme ou non, dont les témoignages, citations et ouvrages m'ont fait avancer dans mes réflexions.

Je remercie en outre toutes celles et ceux que j'ai croisés dans mes vies personnelle et professionnelle, et qui m'ont aidée à réaliser mes ambitions, souvent en me donnant ma chance ou en me soutenant. Sans oublier mes associées, avec lesquelles je vais écrire une nouvelle page professionnelle.

Je remercie enfin Marie Pic Allavena, directrice générale d'Eyrolles, qui a cru en ce projet, ainsi que Marguerite Cardoso, mon éditrice, et son équipe, dont Géraldine Couget, qui m'ont accompagnée dans l'aventure de cet ouvrage.

Sommaire

Préface

« *Étonne-moi !* » Ainsi me défiait mon vieil ami Jacques Chancel, stimulant alors mes rêves d'étudiante. Je lui dois beaucoup de m'avoir encouragée à repousser les limites de mon imagination et de mes rêves. Sur le mode de son émission « Radioscopie », ma vie a ainsi été jalonnée de multiples rencontres qui ont nourri et aiguisé mes envies, ma curiosité et le besoin de me dépasser, grâce et avec les autres.

Quand Frédérique Cintrat m'a proposé de rédiger la préface de ce livre, une multitude de pensées se sont enchevêtrées dans mon esprit en un instant : bravo, Frédérique ! Quelle audace d'entreprendre une telle aventure ! Mais comment trouve-t-elle le temps de faire cela en plus du reste ? Quel plaisir d'être ainsi sollicitée ! Merci pour ta confiance ! Et pourquoi ne pas réaliser à mon tour le projet d'écriture que je porte depuis quelques années ? Merci d'ouvrir de nouvelles portes ! Merci !

Une autre question a ensuite surgi, relative à la légitimité d'une réflexion dédiée à une ambition spécifiquement féminine : les femmes auraient-elles nécessairement une vision, différente des hommes, de l'envergure de leur projet de vie et de carrière ? Pourquoi et comment réussissent-elles à mener jusqu'au bout leurs projets ? Si l'ambition comporte une connotation très positive quand elle concerne un homme, celle d'une femme a souvent attiré des remarques, voire de la réprobation.

Des générations d'hommes ont en effet été heurtées par des femmes ambitieuses : il a donc fallu des montagnes de ténacité et de courage à Julie-Victoire Daubié, première femme bachelière en 1861, à Madeleine Brès, première femme docteur en médecine en 1875, à Jeanne Chauvin, enfin avocate en 1900, à Marie Curie, première femme prix Nobel, et à sa fille Irène, première femme secrétaire d'État. Sans oublier la première Française parlementaire, Marthe Simard en 1943, quelques mois avant l'instauration du « vrai » suffrage universel, incluant les femmes. Jean-Louis Debré retrace leurs longs combats dans son récent ouvrage *Ces femmes qui ont réveillé la France* (Fayard, 2013). Nous leur devons tant : elles nous ont ouvert le chemin.

La lecture du manuscrit de Frédérique m'a impressionnée, séduite, par sa vision généreuse et puissante de l'ambition féminine. Outre le plaisir de découvrir les parcours féminins des neuf femmes interviewées — et celui de l'auteur —, cet ouvrage propose une réflexion et des modes d'action sur les ressorts de l'ambition, issue du cœur de chacune. Chaque rencontre constitue une étape enrichissante, résumée ensuite de manière efficace pour que nous nous imprégnions aisément de différentes clés permettant à chacune de s'accomplir.

Ces dix témoignages attirent notre sympathie et notre admiration car ils expriment la soif de dépassement et d'accomplissement, la volonté et le courage d'explorer des compétences, une incroyable ténacité, le goût d'oser.

L'ambition personnelle est ainsi rarement tournée vers le seul objectif du pouvoir personnel, mais vers la réalisation d'un projet partagé, et la nécessité de s'accomplir tout en transformant le monde.

Le rôle initial des parents apparaît fondamental : le moteur initial de l'ambition de ces femmes — comme pour moi aussi —, naît aussi de leur mère et souvent de leur père, qui ont ouvert le champ de tous les possibles. S'y ajoute celui des enseignants, qui doivent discerner la ligne de l'élan créateur et la suivre, comme le préconisait Madeleine Daniélou. Ranimer les projets enfouis, ouvrir les portes, élargir les horizons même si évidemment rien ne sera facile.

La bienveillance engendre la confiance, levain indispensable de notre société.

Nos réseaux professionnels féminins (Financi'Elles, Alter Égales CDC, GEF, le Metaréseau, et tant d'autres), que connaît si bien Frédérique, sont des terreaux précieux qui portent cette vision et appuient les femmes qui veulent, comme le recommande le programme interentreprises EVE, « oser être soi pour pouvoir agir », afin d'aller toujours plus haut !

Anne Guillaumat de Blignières,

coprésidente de Financi'Elles et présidente d'Alter Égales CDC, conseillère du *comité de direction du Groupe Caisse des Dépôts, responsable de la promotion des femmes et de la parité, chevalier de l'Ordre du Mérite et de la Légion d'honneur, membre de la section Finance du Conseil Économique Social et Environnemental* (CESE).

Introduction

La genèse de ce livre remonte à 1983 quand, à dix-sept ans, j'ai écrit à « Aujourd'hui la vie », (anciennement « aujourd'hui Madame »), une émission de société diffusée l'après-midi. Parmi les thèmes des émissions suivantes, « Comment l'ambition vient aux filles » avait fait tilt dans ma tête. Je voulais témoigner.

Dans ma lettre, j'évoquai le fait que je voulais me « prouver et prouver aux autres », faire abstraction du déterminisme, avec comme leitmotiv : « il n'y a pas de raison » et « quand on veut on peut ». Ils étaient sûrement un peu utopistes, mais réellement moteurs, même quand on a été élevée à la campagne et que l'on est une fille... Le terreau fertile à mon ambition résidait dans mon éducation, dans la façon dont mes parents m'avaient élevée, sans stéréotypes. Je jouais un peu à tout. J'avais des jeux de construction, une voiture et un tracteur à pédales, des poupées aussi, mais pas de petits accessoires de ménagère, ma mère s'y opposant. Mon prénom mixte m'a toujours portée et je n'ai jamais, de ce fait, compris que les aspirations des garçons et des filles puissent différer.

Dans ma lettre toujours, je précisais déjà mon refus d'une vie ordinaire, mon envie de gagner de l'argent, d'être indépendante, c'est-à-dire ne pas dépendre de l'argent de quiconque et donc pas d'un homme, et mon aspiration à une vie extraordinaire... Je n'évoquais pas le pouvoir, mais je ne voulais pas vivre dans l'anonymat et rêvais de devenir une femme d'affaires. Je ne parlais pas encore d'altruisme, une valeur qui m'est désormais chère. C'est vrai que j'ai toujours aimé la lumière, les rôles de premier plan, et je l'assume. Plus de trente après, qu'est cette ambition devenue ?

Femme de l'année

Mariée, mère de deux garçons de vingt et un et dix-neuf ans, je viens de créer ma propre entreprise après vingt-sept ans de salariat. J'étais directrice commerciale, marketing et communication externe d'une société d'assistance, dans l'univers de l'assurance, jusqu'en octobre 2014. J'y suis entrée comme responsable commerciale et marketing pour développer avec succès à partir d'une page blanche les offres et le développement des accords de partenariat. J'interviens régulièrement en tant qu'animatrice ou experte dans des colloques professionnels. J'enseigne également dans une école de commerce et suis depuis 2011 membre du comité exécutif de Financi'Elles, la fédération des réseaux de la banque, de l'assurance et de la finance. J'y représente le réseau Alter Égales de la Caisse des Dépôts (CDC). Adhérente au cercle Parité Assurances, qui réunit des femmes dirigeantes et influentes du secteur de l'assurance de personnes et de la santé, je préside également le réseau mixte Ex-Cardif Génération 90 que j'ai cofondé. Je suis membre actif du réseau des anciens de mon école de commerce, l'EM Normandie, dont je viens en outre de cofonder le réseau Mixité ÉquiLibre. Et depuis 2014, j'appartiens au réseau d'expertes Voxfemina.

J'ai toujours, jusque-là, bien gagné bien ma vie, et ainsi celle de ma famille. L'existence « non ordinaire » à laquelle j'aspirais à l'adolescence se réalise également à travers ma vie sociale, mes réseaux et mon appétence pour l'expression artistique. En effet, membre d'une troupe de music-hall amateur, je me produis sur scène régulièrement en exécutant des chorégraphies ou des play-back, ai fait de la figuration au cinéma, et suis par ailleurs administratrice de l'association Mucoviscidose Innovation.

En 2012, le journal *L'Argus de l'assurance* a lancé la première édition des Trophées des femmes de l'assurance. Partant du constat que, alors qu'il y a plus de 65 % de femmes dans l'assurance, moins de 15 % sont représentées dans les instances dirigeantes, les organisateurs ont souhaité valoriser les parcours exemplaires de femmes occupant des postes à responsabilité et promouvoir la mixité dans les équipes dirigeantes. J'ai présenté ma candidature dans la catégorie « femme citoyenne ». J'ai frôlé la nomination, l'occasion pour moi de lire avec émotion les mots très élogieux de mon P-DG, qu'il livrait ainsi pour la première fois, sur ma personnalité et mon travail.

L'année suivante, mon P-DG m'a suggéré de retenter ma chance. Je ne voyais pas l'intérêt de récidiver, car le champ de mes responsabilités était resté le même ; la promotion officielle que je convoitais tant, celle de « cadre de direction » au sein de la maison mère de ma société, restait à m'être attribuée. J'ai alors vu qu'une nouvelle catégorie, celle de la « femme commerciale », avait été créée entre-temps. En lisant le descriptif des qualités attendues, je me suis dit que si je ne recevais pas ce prix-là, je n'en recevrais aucun. Il me semblait en effet avoir été fait pour moi : « femme ayant le sens de l'innovation, accompagnant son équipe, ayant le sens du développement, appréciée de ses clients », etc. De surcroît, double satisfaction, la direction des ressources humaines du groupe d'assurances auquel appartient la filiale dans laquelle je travaille m'a contactée pour me demander si j'accepterais que ma candidature représente l'entreprise dans la catégorie « femme commerciale », comme proposé par le comité exécutif. C'était là une vraie reconnaissance...

J'ai donc préparé minutieusement mon dossier avant de m'engager, et fait valider l'opinion de mes clients sur mon travail. J'ai recouru aux « recommandations » sur LinkedIn, alors que jusque-là, je souriais ironiquement lorsque quelqu'un me sollicitait... J'avais toujours été très gênée par ces recommandations, qui me semblaient la manifestation d'un certain narcissisme. En parcourant différents profils sur le réseau social, j'ai pris conscience de la portée de ces mini-textes. J'ai donc pris mon courage à deux mains et présenté ma demande à des clients, partenaires, anciens collègues, et anciens responsables. Quelle satisfaction, quelle fierté, quel renforcement de l'estime de soi à la lecture de toutes ces recommandations qui ont afflué ! J'en ai repris deux pour compléter mon dossier de candidature…

Quelle joie lorsque j'ai appris que je faisais partie des trois nominées dans cette catégorie (le jury avait déjà fait son choix parmi ces trois, mais je ne savais pas encore que le prix m'était attribué) ! J'ai eu droit à une interview et à une séance photo organisées par *L'Argus de l'assurance*. Quand j'ai su qu'un vote serait ouvert aux abonnés du journal puis aux internautes pour élire « la femme de l'année dans l'assurance » parmi les vingt-sept nominées des neuf catégories, dont celle de la « femme commerciale » dans laquelle j'étais positionnée, j'ai mobilisé mes connaissances et mes réseaux pour voir si j'allais être suivie. Les responsables du réseau des anciens de mon école de commerce, l'EM Normandie, ont envoyé un e-mail à chacun de leurs cotisants pour les inciter à voter pour moi. Le réseau Alter Égales de la CDC, le service de communication interne de mon employeur, CNP Assurances, mon réseau d'anciens collègues, les ex-Cardif Génération 90, un groupe de clients et partenaires d'une fédération de mutuelles ont appelé à voter pour moi. Des clients, des prospects, ainsi que des contacts professionnels se sont manifestés spontanément. J'ai en outre mobilisé l'ensemble de mes contacts *via* les réseaux sociaux professionnels, LinkedIn, Viadeo, puis Facebook. L'un de mes deux fils a même envoyé un tweet ! Les réseaux féminins amis, tels que celui de Microsoft, ont relayé l'information également. Cette machine de guerre a porté ses fruits : le 4 décembre 2013, j'ai reçu le prix des internautes de « la femme de l'année dans l'assurance », avec, selon les informations que j'ai pu glaner, plus de 20 % des votes parmi vingt-sept nominées. Cerise sur le gâteau, j'ai aussi reçu le prix de la « femme commerciale de l'assurance », remis par un jury de professionnels.

Ces trophées m'ont valu une avalanche de félicitations et de témoignages de sympathie. Un communiqué de presse a été émis par CNP Assurances dans lequel mon trophée était mentionné, et j'ai répondu à des interviews pour la communication interne de la CDC, ainsi que la newsletter du réseau Financi'Elles. L'Agefi m'a consacré un portrait ; j'ai été intégrée à un dossier sur les cent managers d'influence de France en mai 2014 par le magazine *Action Commerciale* ; j'ai témoigné dans La lettre de *L'Expansion* dans un dossier sur la réussite au féminin. Enfin, le quotidien régional de ma localité d'Eure-et-Loir, *L'Écho Républicain*, m'a également offert une demi-page.

Réussir au féminin

Si mon parcours, mon expérience, ma recherche d'équilibre de vie, en voulant tout mais avec des compromis, pouvaient aider des femmes, en leur donnant envie de suivre le même chemin ou de s'en inspirer, j'en serais ravie. Depuis l'obtention de ces distinctions, je savoure les moments qui me permettent de m'exprimer sur la « réussite au féminin ». J'ai ainsi été invitée en tant que « *role model* » à l'occasion de la Journée de la femme, en mars 2014, pour intervenir devant une quarantaine de femmes travaillant pour un assureur à La Défense, puis devant une antenne d'un syndicat pour parler de l'intérêt du « réseautage », notamment pour les femmes, qui n'y recourent pas encore spontanément. Leurs réactions ont été très positives et j'ai été vraiment très touchée par les messages de certaines d'entre elles, qui m'ont remerciée de leur avoir transmis de l'énergie, quelques trucs, et l'envie d'oser s'exprimer et de présenter leurs souhaits professionnels. Je suis également devenue « Web mentor » pour le site www.womentomorrow.fr.

Mon histoire et mon expérience peuvent intéresser, amuser et peut-être inspirer, car je ressemble vraiment à Madame Tout-le-monde. Je n'ai jamais voulu renoncer à quoi que ce soit, tout en essayant de faire un peu tout ce qui me plaisait. Je vis dans une fermette à la campagne et passe plus de trois heures par jour dans les transports, ce qui ne m'empêche pas de m'occuper de ma famille et de continuer mes activités sportives, artistiques et citoyennes. J'ai fait des choix que j'assume et j'ai encore des projets plein la tête. Lorsque les contraintes sont librement décidées, elles deviennent des choix : mon mari et moi avons préféré vivre dans un petit village de campagne, où j'ai passé mon enfance. Nous sommes proches de la nature, avec nos animaux, pratiquons le sport facilement, et sommes proches de nos familles, en particulier de mes parents. Nous vivons donc presque en tribu, et avons consacré de longues années durant nos week-ends à nos fils pour leur permettre de grandir de façon harmonieuse et de mener leurs activités diverses, dont des compétitions sportives.

Pour maintenir cet équilibre de vie, j'ai dû faire des choix professionnels, renoncer à certains postes qui supposaient de déménager. J'ai souhaité fonder une famille tout en vivant un certain nombre d'expériences sportives et artistiques et en réussissant professionnellement. Je voulais un emploi rémunérateur dans un secteur d'activité ayant un vrai sens sociétal, puis exercer des responsabilités me permettant d'agir avec humanisme. Je nourrissais enfin l'ambition de faire évoluer les relations entre les hommes et les femmes dans l'exercice du pouvoir et de la représentation. Depuis le début de l'année 2014, mon ambition est plus forte que jamais. Certes, l'ambition est une force de la jeunesse, mais elle ne lui est pas réservée : elle peut renaître en milieu de parcours de vie.

Avec l'obtention de ces trophées, j'ai aspiré à transmettre, écrire, et même créer, notamment une entreprise. J'admire beaucoup de personnes, dont certains hommes et femmes que je rencontre tous les jours, qui m'impressionnent, me stimulent, et me donnent de l'énergie. J'admire également tous ces jeunes qui sortent de l'école et se lancent, parfois avec naïveté, mais souvent avec une grande énergie et une grande maturité, dans la création de leur propre emploi. Les hommes et les femmes de ma génération qui me stimulent sont tous des créateurs, qu'il s'agisse d'artistes ou d'entrepreneurs. Ces derniers ont pris des risques, eu le courage de sortir de leur zone de confort, avec un vrai sens des affaires ou une idée de génie, et toujours un vrai souci de l'humain. Leur exemple me montre la voie : me réaliser professionnellement en étant aux commandes et en créant de la valeur.

Les femmes qui m'inspirent ont « ce petit quelque chose » qui témoigne de leur « niaque », leur grande énergie, leur liberté et leur indépendance d'agir et de penser. Elles sont en outre souvent audacieuses et bienveillantes. Je pense notamment à des femmes emblématiques comme Claudie Haigneré, spationaute et femme politique, Simone Veil, ex-ministre de la Santé, Christine Lagarde, ex-ministre des Finances et actuelle présidente du FMI (Fonds Monétaire International), Najat Vallaud-Belkacem, actuelle ministre de l'éducation nationale, de l'enseignement supérieur et de la recherche, Sandra Legrand, à la tête de Kalidea, une entreprise de plus de deux cents salariés créée en 2000 (sous l'enseigne Canalce), Françoise Gri, directrice générale du groupe Pierre & Vacances, ou encore Anne Lauvergeon, ancienne présidente du directoire d'Areva. Outre ces femmes connues, combien d'anonymes tout aussi inspirantes, qui à cause de, ou grâce à leur éducation, au bonheur, voire aux ruptures de vie, ont développé des stratégies pour ne pas dépendre des normes de leur classe sociale, quels qu'aient été leur parcours scolaire ou leur origine sociale.

Je pense notamment à Patricia, qui a décidé de faire des études de coiffure alors que tout le monde voulait l'orienter vers une seconde générale. Elle souhaitait en effet pouvoir travailler rapidement et librement à domicile, avant d'ouvrir son salon, voire plusieurs. Je songe aussi à Armelle, qui a passé un CAP de cuisine et n'a qu'une idée en tête, ouvrir son propre restaurant, ou encore à Solenne, qui a préparé un BTS technique avant d'intégrer une école d'ingénieurs, car elle aspire à travailler sur les moteurs d'avion. Je me rappelle enfin de Virginie, qui, après une formation en logistique, a racheté une entreprise de transports, et d'Isabelle, employée au guichet d'une entreprise de service public, présidente de l'association de parents d'élèves de l'école primaire, qui se démène en faisant montre de vrais talents de leader pour organiser des événements locaux afin de récolter des fonds pour contribuer au financement des voyages des enfants et à la vie de l'école.

Dans cet ouvrage, j'ai souhaité faire témoigner neuf d'entre elles, que je connais personnellement, qui m'ont confié le récit de leur enfance, leur histoire professionnelle, puis leur regard sur l'ambition. Elles s'appellent Ophélie, Carol-Anne, Raghia, Christine, Sandrine, Patricia, Nadia, Frédérique et Nicole. Âgées de dix-neuf à cinquante-sept ans, elles viennent de milieu ouvrier ou bourgeois, de la campagne, de la banlieue ou de la ville, ont eu une enfance heureuse ou tourmentée, une scolarité exemplaire ou chaotique. Pour introduire ces témoignages, j'ai décidé de me livrer aussi à l'exercice, revenant sur mon parcours depuis l'enfance jusqu'à aujourd'hui, afin de témoigner sur ma conception de l'ambition.

J'espère que ces lignes vous inspireront... Bonne lecture !

CHAPITRE 1

Ambition : de quoi parle-t-on ?

Qu'est ce que l'ambition ? Selon *Le Petit Larousse*, il s'agit du « *désir ardent de posséder quelque chose, de faire quelque chose : avoir l'ambition de réussir. Désir ardent de gloire, de réussite sociale. Exemple : un homme dévoré d'ambition* ». L'ambition serait donc associée à la vanité, à l'orgueil. Pourtant, on dit parfois d'une personne que l'on admire « X est ambitieux, il y arrivera... », et, lorsque l'on associe ce mot aux concepts ou aux projets, c'est toujours positif, par exemple « Plan Ambition 2015 de La Poste ». La fondatrice du Women's Forum, Aude de Thuin, rappelle dans son livre O*sons la France* (Eyrolles, 2013) que « *les magnifiques ambitions font faire les grandes choses* », citant Victor Hugo ; elle continue : « *Sans ambition, pas de réussite professionnelle, point de destin.* »

Pour sa part, Philippe Laurent, coach, conférencier et formateur, a publié le 19 novembre 2013 dans *L'Express* un article tout à fait intéressant sur l'ambition, dont voici un extrait : « *Avec la "niaque" qui recherche à tout prix le succès, l'avidité du titre, la cupidité du toujours plus, du toujours plus loin et du meilleur que les autres, l'ambitieux que nous pensons a soif de pouvoir et a besoin de se prouver à lui-même et aux autres qu'il est capable et invincible. (....) La véritable ambition n'est pas volonté de puissance, mais de réalisation de soi ; elle n'est pas velléité, mais moteur d'action pour avancer en se dépassant. L'ambitieux ne se laisse pas vivre ou pousser par les événements extérieurs, mais se projette lui-même à moyen et long termes, prenant en main sa vie de manière responsable, dynamique et optimiste, dans un esprit de conquête qui permet de surpasser les obstacles.*

Il prend en charge son évolution sans attendre passivement que les autres s'en chargent. Il ne baisse pas les bras, mais remonte ses manches et "se bat" pour obtenir ce qu'il recherche (une nouvelle position, une mobilité, un nouveau métier, etc.). Non de manière agressive, "contre les autres", mais avec cette violence qui permet au tenace d'avancer "contre ses peurs" et de tenir tête à l'adversité. L'ambition saine est bénéfique, car elle fait grandir, rend fier, donne envie et mobilise. (...) Pour développer une véritable ambition professionnelle, le plus important est de commencer par se poser une question essentielle : qu'est-ce que je veux pour moi demain professionnellement et personnellement ? Je suis rarement seul à pouvoir répondre à cette question, car elle engage ma vie et ceux qui la font. Qu'est-ce que je recherche au-delà de cette ambition ? De quoi mon ambition est-elle le moyen ? En l'intégrant dans un projet de vie plus global, elle s'éclaire et prend tout son sens.

Dans cette vision, je dois me donner un objectif concret qui représente pour moi un défi, me demande énergie, créativité, intelligence, patience et travail. Enfin, je dois me donner les moyens de mon ambition. Que dois-je apprendre pour la réaliser ? Que suis-je prêt à "sacrifier" pour elle ? Par quoi dois-je commencer ?

La véritable ambition est celle qui me donne du souffle, m'entraîne et m'épanouit, car elle est en phase avec qui je suis, me permet d'exploiter mes talents et d'actualiser mes potentiels. Elle me fait regarder au loin, surtout devant l'obstacle, en me donnant toujours une bonne raison de faire chaque jour un pas de plus avec patience, persévérance et ténacité. L'ambitieux n'est pas content de battre les autres, mais de se vaincre lui-même en allant encore plus loin que ce qu'il croit possible. »

L'ambition deviendrait péjorative si c'est une femme qui l'exprime ? Voilà une dépêche AFP (Agence France Presse) du 27 janvier 2012 : « Davos – "*Les filles ne sont pas élevées pour être aussi ambitieuses que les garçons*", a déploré vendredi Sheryl Sandberg, directrice d'exploitation de Facebook, classée au cinquième rang des femmes les plus influentes du monde par le magazine *Forbes*, lors d'un débat à Davos sur les femmes.

Le Forum économique mondial (WEF) de Davos qui discute depuis mercredi principalement finances, crise de l'euro, développement durable parmi un public majoritairement masculin, s'est intéressé également à la place des femmes dans la société et sur de nouveaux modèles de "leadership", plus ouverts aux femmes.

"*Nous avons un fossé de l'ambition partout dans le monde entre hommes et femmes*, a soutenu Sheryl Sandberg. *Nous disons que nous voulons éduquer nos filles aussi bien que nos garçons mais nous ne le faisons pas en réalité. Nous n'élevons pas nos filles pour être aussi ambitieuses que nos garçons.*"

"*Plus un homme est puissant et a du succès, plus il est aimé. Plus une femme est puissante et réussit, moins on l'aime*", a-t-elle également observé.

"*Alors, de la toute petite enfance à l'adolescence et jusqu'au mariage, on récompense les hommes à chaque étape pour avoir pris des risques, pour avoir été compétitifs, mais on dit aux femmes* effacez-vous, soyez ordinaires", a poursuivi Mme Sandberg.

"*Il faut changer cela et dire aux hommes d'être plus ambitieux à la maison et à nos filles d'être plus ambitieuses pour réussir sur le marché du travail*", a-t-elle conclu. »

Dans *Émilie Émilie ou l'ambition féminine au* XVIIIe *siècle* (Flammarion, 1983), Élisabeth Badinter dépeint deux destins de femme libres. Par leur histoire, leurs aventures sentimentales, les échanges qu'elles ont pu avoir, les revanches sur la vie qu'elles souhaitaient prendre, elles ont repoussé les limites et fait abstraction des obligations qu'on leur assignait. L'une est devenue scientifique, traduisant les écrits de Newton, déplorant néanmoins de ne rien avoir vraiment inventé, quand l'autre s'est réalisée à travers l'éducation de sa fille, dessinant ainsi les contours de l'ambition maternelle.

À travers l'histoire de vingt-deux femmes à la tête de groupes internationaux, *Les femmes d'affaires mythiques* (Dunod, 2010), de Claudia Lanfranconi et Antonia Mainers, montre qu'elles avaient des tempéraments très forts et une vraie personnalité indépendante pour l'époque, par exemple dans leur apparence (vêtements confortables, coiffure parfois à la garçonne comme pour Maria Bogner, skieuse et créatrice de vêtements de ski et notamment de fuseaux). Elles étaient visionnaires, talentueuses, et savaient bien s'entourer, qu'il s'agisse d'hommes ou de femmes. Elles avaient, pour la plupart, connu une enfance où elles avaient pu s'exprimer, été éveillées à la découverte et à l'efficacité par leur père et leur mère. Ce fut le cas de Beate Uhse qui devint aviatrice avant de se lancer dans l'industrie. Certaines ont exercé leur curiosité en regardant, par exemple Estée Lauder qui avait observé les gestes précis d'un oncle dermatologue pendant son enfance pour s'en inspirer à l'âge adulte. Parfois, cette ambition avait été mise entre parenthèses pendant qu'elles s'occupaient de leurs enfants, avant de refaire surface une fois arrivées à l'âge de la maturité, comme pour Katharine Graham qui reprit les rênes du *Washington Post* à la mort de son mari.

Ambition et stéréotypes

En décembre 2011, j'ai organisé un déjeuner dans le cadre du réseau mixte d'anciens collègues que j'anime, les Ex-Cardif Génération 90. Une ancienne collègue de dix ans ma cadette m'a interpellée : « *Tu me fais rire avec tes réseaux féminins ! Ce n'est pas là que ça se passe, il faut investir les réseaux professionnels mixtes.* » Elle avait partiellement raison, l'un n'empêchant pas l'autre. Je lui ai alors expliqué les vertus complémentaires des réseaux féminins : le rôle de la fédération pour Financi'Elles, le lobbying, la participation à la performance, les « échanges business », où, à l'instar des réseaux masculins, on noue des accords de partenariat, on fait des affaires, on échange sur nos métiers et nos secteurs d'activité, les « *role models* », les prises de conscience. Je lui ai également précisé que cela permettait de rencontrer un grand nombre d'excellents profils, de créer de la solidarité, voire une émulation, des opportunités commerciales ou de mobilité. En outre, l'échange et le réseautage transmettent à toutes ces femmes un regain d'énergie, d'assurance et de confiance. Elle m'a alors rétorqué : « *Demande plutôt à quoi toutes ces femmes inspirantes jouaient quand elles étaient petites...* » Cette question toute simple m'a interpellée.

J'ai approfondi le sujet en lisant le rapport « Contre l'hypersexualisation, un nouveau combat pour l'égalité » que la sénatrice Chantal Jouanno a publié en mars 2012, dont voici un extrait : « *Les stéréotypes sapent la capacité des personnes à réaliser leur potentiel en limitant les choix et les opportunités. Ils sont à la base de la discrimination sexiste ouverte et dissimulée, directe et indirecte, et récurrente, qui a des conséquences négatives sur l'égalité de fond qui devrait être garantie aux femmes.* »

Ce rapport dénonce la prégnance des stéréotypes sexistes dans les représentations véhiculées autour du rôle et de la place des filles et des garçons dans la société. Cela se traduit dans les faits par de forts clivages dans leur éducation, notamment à travers les jeux, la scolarité, les activités culturelles et sociales, puis plus tard les choix professionnels. Les nombreuses recherches sociologiques et féministes tendent à montrer la persistance de ces représentations, en particulier véhiculées à travers les médias, la mode, les jouets, les stars et Internet. Elles font le constat d'une forte assignation sexuée des rôles, et des représentations très clivées de l'identité sociale, corporelle et sexuelle. Ces représentations demeurent centrées sur l'apparence, la gentillesse, la docilité et une forme de passivité pour les filles, et des rôles plus actifs, plus créatifs, et plus autonomes pour les garçons.

Les stéréotypes sont des images réductrices construites sur la base des différences socioculturelles caractérisant des groupes inscrits dans des rapports sociaux. Loin d'être innés, les stéréotypes sont appris et transmis, susceptibles d'être amplifiés par les médias. L'univers des jouets ravive les stéréotypes et les clivages entre les sexes. En témoigne cet autre extrait du rapport de Chantal Jouanno : « *Les jouets induisent nettement une forme de distinction sexuée des capacités, mais aussi des qualités à développer et à mettre en œuvre selon que l'on est une fille ou un garçon : les jouets pour les filles induisent clairement des représentations sexuées des qualités à développer pour les filles centrées entre autres sur la mise en valeur de soi et de son apparence, la docilité, la patience, la douceur, la sédentarité. Au total, il apparaît que l'univers des médias enseigne un féminin d'ornement et d'agrément très stéréotypé, alors que le masculin se représente exclusivement à travers l'action, la découverte et la créativité. (...) Certes, des jouets mixtes existent, ces jouets dits éducatifs font référence à un socle d'apprentissage commun aux filles et garçons, tout comme il existe ce socle commun à l'école. Toutefois, ils ne sont pas le reflet de l'investissement en temps passé par les filles et les garçons qui leur préfèrent nettement les jouets clairement sexués.* »

L'une de mes cousines, institutrice en maternelle, m'a fait remarquer que les enfants étaient amenés à utiliser, dans sa classe, tous les types de jeux. À trois ou quatre ans, les différences évoquées quant au choix des jouets en fonction du genre ne sont pas encore trop marquées. Certains parents, les pères notamment, manifestent cependant leur réprobation lorsqu'ils découvrent leur fils au milieu de poupées. Il reste donc du chemin à parcourir...

En mai 2013, je me suis rendue à une conférence organisée par une grande école de commerce, à Paris, sur le thème « Comment préparer l'égalité professionnelle dès l'école ». J'y ai appris de la bouche des éminents intervenants à la table ronde que les parents n'avaient pas du tout la même attitude avec un fils ou une fille, et ce dès la vie intra-utérine. Des études auraient montré que si les parents, en particulier le père, apprennent que le futur bébé est un garçon, leurs caresses seront plus saccadées (« Soit un homme, mon fils ») ; s'il s'agit d'une fille, elles seront plus douces (« déjà une chose fragile... »).

Y aurait-il une ambition féminine et une ambition masculine ?

Il semble aujourd'hui désuet de dire que la première ambition de la mère de famille devrait être de réussir sa vie familiale, ce qui n'a plus vraiment de sens quand on sait qu'un tiers des couples divorcent en province et un sur deux en Île-de-France et que cela n'a pas grand-chose à voir avec le travail féminin — pourtant, c'est parce qu'elle n'a pas d'indépendance financière qu'une femme peut être amenée à rester avec un conjoint qu'elle n'aime plus ou qui la maltraite...

Dès lors que la femme travaille, pourquoi n'aspirerait-elle pas à un emploi « épanouissant », quand cela est envisageable ? Bien sûr, chaque femme met ce qu'elle souhaite sur ce terme : secteur d'activité, fonction, mission, expertise, responsabilités, autonomie, variété, pouvoir, etc. De plus, s'épanouir, se réaliser, ne signifie pas nécessairement être au service des autres, en ayant le sens du sacrifice, ni rester dans le registre de la douceur, dans l'ombre, en tant que numéro deux, ou encore super-adjointe...

Les cartes sont en train d'être redistribuées, notamment grâce à la génération Y[1], qui, bien qu'ayant un peu baigné dans une atmosphère stéréotypée, a toujours connu des femmes et des mères avec le droit de vote, ayant suivi des études, travaillant en dehors du foyer, souvent en entreprise, des familles parfois recomposées, des pères investis dans l'éducation des enfants ou le partage des tâches ménagères. La signification de l'ambition et de l'aspiration semble de plus en plus comparable entre les garçons et les filles : s'épanouir personnellement et professionnellement, donner du sens, trouver un équilibre entre toutes ses vies.

1. Elle regroupe des personnes nées entre les années 1980 et 1990.

Dirait-on aujourd'hui d'un ambitieux qu'il est volontaire et a du caractère, et d'une ambitieuse qu'elle a un sale caractère ? Le thème des plénières du forum ELLE Active, qui se tenait au Conseil Économique et Social (CES) le 4 avril 2014, était l'ambition. L'occasion pour moi d'assister aux débats, tant ce sujet me semblait inédit. En effet, on parlait souvent jusque-là de « plafond de verre », de la nécessité de mettre en œuvre la mixité, de solutions de leadership au féminin, mais finalement assez peu d'ambition.

Présentés à cette occasion, les résultats d'un sondage qu'Ipsos a effectué ont montré que les femmes ambitieuses avaient, en 2014, plutôt bonne presse. Cependant, si les parents (et les mères en particulier) encourageaient leurs enfants à suivre des études, le goût de la compétition et de la prise de risque était néanmoins davantage inculqué aux garçons. Les schémas archaïques se perpétuent, et les femmes ont leur part de responsabilité, y compris pour la génération des dix-huit à vingt-cinq ans. Ce sont donc nous, les femmes « mûres », actives dans la plupart des cas, parfois mères des filles de cette génération, qui sommes concernées… Le sondage révèle également que les femmes ambitieuses seraient considérées comme dynamiques, Il s'agit là d'une image plutôt positive, qui suscite l'envie.

En revanche, l'ambition serait plutôt, en période de crise, liée à l'aspiration à une vie équilibrée, à une quête de sens pour les sujets sur lesquels hommes et femmes se retrouvent. Ceux-ci travaillent moins avec l'objectif de la conquête du pouvoir et des responsabilités, se réfugiant dans le cocon familial (lui-même parfois instable) plutôt que dans l'entreprise. C'est une nouvelle façon d'aborder l'ambition professionnelle. Les rêves deviennent moins grands, y compris pour les femmes, mais plus « humanistes »…

La grande Brigitte Grésy, secrétaire générale du Conseil Supérieur de l'Égalité Professionnelle (CSEPT), est intervenue dans ces plénières pour rappeler que les stéréotypes liés à l'éducation, à la vie en société, induisaient des comportements différents des hommes et des femmes dans leur volonté d'accéder aux responsabilités et dans leur façon de le faire savoir, d'où la nécessité, parfois, d'un accompagnement spécifique. J'ai noté lors de débats cette petite phrase un peu exagérée, mais tristement vraie : « *En France, les femmes sont sur-mentorées et sous-promues.* » Des femmes qui ont décidé de prendre en main leur carrière, parfois double (dirigeantes chez L'Oréal, chez Axa, etc.), et qui ont reconnu qu'on avait plus facilement ce qu'on demandait que ce qu'on méritait. Non seulement elles l'ont mérité, mais en plus elles l'ont demandé…

Un sentiment de frustration demeure toujours pour les femmes de ma génération, les quarante-cinq ans et plus, qui ont de grands enfants et un regain d'énergie (et d'ambition, comme j'ai pu le constater à travers mes interviews) : elles ont toujours un peu l'impression que quand on parle des femmes, on s'intéresse avant tout à la période de la maternité et des quelques années qui suivent — même s'il est vrai que beaucoup de choses se jouent à ce moment-là dans une carrière. Je retiens le commentaire amusé d'une amie journaliste enjouée de quarante-huit ans, pleine de projets : « *C'est bien connu : à notre âge, on ne vaut plus rien et on n'a plus envie de rien !* »

Comment l'ambition vient-elle aux filles ?

À présent que je suis très investie dans les réseaux professionnels en général, et dans les réseaux féminins en particulier, je me rends compte que pour briser le fameux plafond de verre, il faut agir sur deux tableaux. D'une part, auprès des dirigeants ou décideurs (souvent des hommes), pour qu'ils prennent conscience que les choses ne sont pas aussi simples pour les femmes, et passent outre les stéréotypes, cela au bénéfice de la performance globale de l'entreprise ; d'autre part auprès des femmes pour qu'elles assimilent les codes de l'accession au pouvoir, et prennent en main leur carrière en candidatant à différents postes, voire en changeant d'entreprise pour accélérer leur carrière et réaliser leurs ambitions. Si elles veulent se hisser jusqu'au sommet de la hiérarchie, elles ne doivent pas opter uniquement pour des postes traditionnellement réservés aux femmes, et ce dès leur entrée dans la vie professionnelle (communication, ressources humaines, etc.). Certes, cela ne les empêchera pas de progresser, mais ces fonctions supports conduisent rarement aux plus hautes responsabilités. Par ailleurs, elles doivent « sortir », fréquenter les lieux où se font les affaires, les réseaux formels ou informels mixtes, ceux d'entraide et ceux dans lesquels elles pourront apprendre, rencontrer les personnes qui comptent et même agir sur les sphères d'influence.

Je côtoie également un certain nombre de femmes entrepreneurs, et je dois avouer qu'elles font partie de celles qui m'impressionnent le plus : elles ont eu une idée, la volonté de se lancer, ont pris des risques, se sont jetées corps et âme dans la construction de leur entreprise, ont investi et souvent créé des emplois. Toutes en reconnaissent la difficulté, mais insistent sur la satisfaction, et le sentiment de plénitude et de liberté qu'elles ressentent !

Plutôt que de se demander comment l'ambition, préalable à toute réussite, vient aux filles, on pourrait s'interroger sur la façon dont la « niaque » vient aux filles ; car c'est bien de cela qu'il s'agit... C'est l'occasion de se demander s'il existe des facteurs clés qui favorisent l'émergence de cette ambition. Est-ce l'attitude des parents, des enseignants, des pairs ? S'agit-il de modèles issus de la littérature, véhiculés par les médias ou trouvés dans la vraie vie ? L'ambition s'explique-t-elle par l'histoire familiale ? Les expériences de vie ? Et peut-elle (re)naître pendant la vie adulte ?

? L'interview de Viviane de Beaufort

Viviane de Beaufort, professeure à l'ESSEC, fondatrice des programmes Women-ESSEC et chercheure, m'a fait l'honneur de répondre à quelques questions sur l'ambition.

– *Qu'est-ce que l'ambition pour vous ?*
Ce mot ne signifie rien pour moi s'il n'est pas accompagné par « de faire » ou « de réaliser » ou « de transformer »... Autrement dit, l'ambition d'être, voire de paraître, n'a aucun sens, pas plus que celle d'avoir ou de posséder. L'ambition, c'est plutôt l'envie de réaliser, de mener un projet, une action. C'est un moteur puissant de réalisation, même lorsque le mot est envisagé dans une version plus classique et donc pour moi potentiellement connotée : « être ambitieux », au sens avoir envie de gravir les échelons.

– *Existe-t-il une ambition féminine ?*
Si vous le permettez, je mettrais des guillemets, car il est facile ET dangereux de tomber dans des stéréotypes par défaut, lorsqu'on aborde cette question. Cependant, les travaux menés sur cette question, et notamment l'étude « Femmes et Pouvoir » commise en 2012 [1], identifient trois éléments intéressants :

1. Entre construction d'une carrière et l'intérêt du job ou de la mission, c'est le second qui est très largement privilégié par les femmes. Ainsi, aux questions « qu'est-ce qui vous pousse ou vous a poussée à vouloir être dirigeante ? vous lancer en politique ? embrasser une vraie carrière ? Aviez-vous (avez-vous) un projet particulier, quelque chose qui vous tenait (tient) à cœur ? », la quasi-totalité des cinquante réponses initiales et, par la suite les réactions lors d'ateliers menés depuis 2012 et encore aujourd'hui se résument dans ces deux verbatims : « Je n'ai pas toujours choisi le poste le plus porteur. Il doit y avoir un sens : j'ai besoin d'avoir du plaisir à aller travailler, de savoir pourquoi je me lève le matin. Sinon c'est difficile de tenir un poste » ; « Si un poste est utile mais qu'il n'y a aucun moyen de lui donner un sens, je n'y vais pas. »

2. Les perspectives féminines du pouvoir sont différentes. Les femmes interviewées évoquent avoir souhaité le pouvoir pour la réalisation de soi dans un projet collectif, la quête de sens. Les femmes au pouvoir sont donc particuliè-

1. Beaufort (de), V., « Women and their Relationship to Power », Council on Business and Society Global Forum, 16 novembre 2012.

rement interpellées sur leur identité même ; rester une femme en assumant des responsabilités d'homme est une ambivalence fondamentale. En latin, « pouvoir » se définit par deux mots différents : d'une part, *potentia* exprime la force, le « pouvoir de » ; les anglophones le traduisent par *power to* ; d'autre part *potestas* exprime la puissance, le « pouvoir sur », le *power over* pour les anglophones. À partir des réactions des interviewées, il est possible de présupposer que la *potentia* (le pouvoir de) est plutôt féminin, alors que la *potestas* (le pouvoir sur) contient une dimension masculine évidente plus guerrière.

3. Il existe une ambition partagée de faire changer les choses : « Je suis animée d'une forte conviction de la nécessité d'un changement. Nous avons besoin de nouveaux comportements créateurs de valeur et/ou de mieux-être. Le changement pour accompagner les mutations économiques, sociales, politiques du monde dans lequel nous vivons. L'ambition doit être accompagnée par un sens fort de l'éthique et des valeurs personnelles. »

– *Comment se manifeste cette ambition ?*

Pas suffisamment et c'est sûrement l'un des problèmes essentiels. Elle est exprimée souvent autrement, donc non comprise par des hommes qui occupent encore très largement les postes de pouvoir. Il y a un problème clé de langage. Prenons l'exemple d'un poste ou d'une mission à pourvoir. Quand une femme dit « cela m'intéresserait de... », elle exprime une ambition qu'on risque d'entendre mal — ou pas du tout —, car le langage entre hommes correspond à une expression plus directe : « Je mérite le poste que... » Et paradoxalement, quand l'ambition est plus assumée, l'ambivalence perdure : aux États-Unis, il est plus facile pour une femme de dire « je suis carriériste ». En Europe, on assume moins l'ambition carriériste. On retrouve cette ambivalence dans le rapport à l'argent, au pouvoir, à la visibilité, par exemple sur les réseaux sociaux.

– *Avez-vous des exemples de grandes ambitieuses ?*

Si la question est exprimée ainsi, et c'est intéressant, je suis mal à l'aise pour donner des noms de contemporaines. Car ce mot m'évoque des personnes que je ne trouve pas recommandables : brillantes peut-être et arrivées à des postes de pouvoir, mais dures, intransigeantes, intrigantes parfois, bref... Prêtes à tout. Je ne cautionne pas cela chez les hommes, je ne peux le faire pour des femmes, même si je reste consciente. Je suis sans doute victime du stéréotype négatif lié à l'ambition mais sans aspect de genre. Je vous citerai donc des femmes du passé comme la Montespan.

– *Comment l'ambition des femmes est-elle considérée par les hommes ? Et par les femmes ?*
Je citerais volontiers pour répondre à la question des éléments tirés de l'étude sur les stéréotypes en matière de management, réalisée par IMS-Entreprendre pour la Cité en 2012 : « Il apparaît que pour plus de la moitié des neuf cent huit managers interrogés, tous genres confondus, les femmes qui réussissent à obtenir un poste à très hautes responsabilités d'une part sont taxées d'"ambitieuses", le mot étant connoté péjorativement, d'autre part finissent, en grande majorité, par se comporter comme des hommes. » Je citerais aussi Virginie Martin, politologue : « *Il faut rester une fille, ne pas être trop autoritaire, parce que les femmes qui ont soif de pouvoir, cela perturbe les hommes.* »

– *Comment faire naître l'ambition chez les jeunes filles ? Et chez les femmes ?*
Nous avons certainement une responsabilité particulière à l'égard de la génération qui arrive. Peut-être du fait de ma posture de professeure, mais aussi parce que je suis maman d'une jeune femme de vingt-sept ans, je ressens fortement cette responsabilité, au point que j'ai accepté de mentorer des jeunes Y et d'être professeure référente pour l'ESSEC sur la Charte Égalité Hommes/Femmes[1]. Il faut aider nos jeunes femmes à prendre conscience qu'on ne les attend pas forcément à bras ouverts ni au travers du prisme de la bonne élève. Elles doivent apprendre — nous devons les aider — à être plus tactiques, plus exigeantes, à réclamer de manière intelligible, à valoriser leurs diverses expériences professionnelles, bref à oser. J'aimerais bien qu'elles puissent faire des choix, pas des sacrifices. J'ajouterai que de toute évidence, les jeunes hommes de cette génération bousculent aussi le système avec une vision différente de l'ambition, de l'intérêt pour l'argent, la promotion, etc. Tout cela est moins prioritaire, pourvu qu'il y ait de l'intérêt et du sens. Cette génération Y interpelle et c'est tant mieux.

1. https://sites.google.com/a/essec.edu/viviane-de-beaufort/engagement-women/leadership-au-feminin

L'avis de Brigitte Grésy[1]

Brigitte Grésy, secrétaire générale du Conseil supérieur de l'égalité professionnelle, nous parle du sentiment de légitimité des femmes.

J'aime le mot « ambition », car il est ambivalent : d'un très mauvais genre au départ, ce désir passionné des honneurs s'est assagi pour désigner le simple désir de se projeter, le désir de vivre en quelque sorte ; dès lors, en devenant fréquentable, il est devenu compatible avec les femmes, mais au prix d'un certain affadissement. Ambition et goût du pouvoir, certes, mais un pouvoir recommandable, celui qui cherche à élever autrui et non à le mettre sous sa coupe, tant les femmes seraient vertueuses, même quand elles flirtent avec les mauvais garçons de la langue française ! Drôle d'histoire !

Et si, là encore, les habits du féminin et du masculin n'étaient pas pure mystification ? Si, au lieu d'accrocher du féminin ou du masculin aux qualités et compétences, l'ambition et la rigueur masculines, la douceur et l'intuition féminines, on ne se disait pas une fois pour toutes que la différence physiologique et biologique des sexes n'entraînait pas celle des aptitudes ; que les femmes et les hommes voulaient sans doute les mêmes choses et que s'ils ne pouvaient pas l'obtenir aussi facilement, c'était parce qu'ils n'avaient pas appris, depuis l'enfance, les mêmes choses.

C'est là que le thème de l'ambition des femmes rejoint la question des stéréotypes, des systèmes de représentation qui présentent un monde masculin et féminin binaire au lieu d'offrir à chacun tout le champ des possibles et qui fait que les femmes voient surtout la vie en rose. C'est là que se construit différemment le sentiment de légitimité, l'estime de soi, la confiance dans sa capacité à prendre des risques, à investir l'espace, à déjouer le conformisme, à accéder à l'autonomie, à être acteur de sa vie. Tout y concourt, la socialisation des tout-petits, la mise sur rails à l'école, l'impuissance des médias à refléter correctement la moitié de l'humanité, les livres pour la jeunesse qui érigent le masculin neutre comme étalon universel, les jouets dont le déluge de bleu et de rose poussent les filles vers la sphère privée, les vêtements qui ligotent les mouvements ou qui les libèrent, le sport qui joue le collectif du succès ou de l'échec, ou la solitude du beau à voir.

1. Auteure de *La vie en rose. Pour en découdre avec les stéréotypes*, Albin Michel, 2014.

Rien d'étonnant alors à ce qu'émergent tous les syndromes de la terre, celui de l'imposture, de l'usurpation, de Cendrillon même. Mais peu importe, car face à tout cela, une bonne nouvelle : rien ne résiste à l'apprentissage ; rien ne résiste à la décision d'oser s'exercer, et dès lors, l'ambition vient aux filles et les conditions de sa mise en actes sont posées.

CHAPITRE 2

Flash-back

Le livre *Aujourd'hui la vie A2*, paru chez Olivier Orban en 1985, propose une sélection de lettres envoyées par les téléspectateurs dans le cadre de l'émission éponyme. Pour illustrer le thème de l'ambition, figure notamment le courrier que j'avais envoyé en mai 1983, dans l'espoir d'être choisie pour y participer :

« L'ambition d'une fille peut se trouver contrariée. Souvent, une jeune fille va renoncer à une brillante carrière professionnelle à cause de tous les avertissements qu'on lui adresse : "Pense à ta vie familiale ; si tu occupes un poste important, tu ne pourras pas élever correctement tes enfants..." On lui dira aussi que même si elle a beaucoup de diplômes, elle n'est qu'une fille, et cela suppose beaucoup de sous-entendus. Il est difficile pour une jeune fille d'accéder à un poste important à cause des éventuelles contraintes de sa vie de mère. Les patrons — et on les comprend — sont réticents à donner de fortes responsabilités à quelqu'un qui risque d'être absent. Pour beaucoup, dans ce contexte de crise, un poste occupé par une femme représente une suppression d'emploi pour un homme. Les garçons n'ont pas eu l'habitude de se voir distancer par les filles, de recevoir des ordres de ces dernières.

Une fille montre donc, selon moi, beaucoup de courage à garder son ambition, connaissant les difficultés qu'elle aura à surmonter.

J'ai dix-sept ans. Je suis titulaire d'un bac C. Demain je passerai le concours d'entrée à HEC. J'envisage en effet de suivre de hautes études commerciales. Je vis en milieu rural et les gens sont toujours étonnés lorsque je les informe de mes projets professionnels. Pour beaucoup, comme je travaille bien à l'école, je devrais suivre la filière de l'enseignement, devenir une "sage petite institutrice de campagne" à la vie paisible. Même ma mère aurait été rassurée (pour elle, l'enseignement est la voie idéale pour une femme), alors que là, je me lance dans un domaine inconnu : non seulement je suis une fille, mais en plus je suis issue d'une famille relativement modeste (mon père est un petit cultivateur). Je devrai donc faire mes preuves pour accéder à une place élevée dans la hiérarchie sociale.

D'où vient ma propre ambition ?

Mes amis extrascolaires travaillent. Ils sortent le samedi soir, profitent de leur jeunesse. Moi, je ne connais ces petits plaisirs que pendant les congés. Je dois toujours apprendre, réviser et éviter d'accumuler de la fatigue. C'est pourquoi en période scolaire, j'essaie de ne pas les rencontrer au cas où, par faiblesse, je serais tentée de suivre leur exemple.

Mon avenir se joue pendant ces quelques années que j'ai à sacrifier. Je ne veux pas vivre la même routine que tous ceux qui m'entourent. Si être ambitieuse, c'est refuser cette vie simple, ordinaire, alors oui, je le suis !

Je veux gagner un bon salaire pour m'assurer une indépendance dans la vie. Quoi qu'on en dise, l'argent contribue largement au bonheur. Tout cela pourrait être qualifié d'ambition personnelle, mais dans mon cas, il y a autre chose, le prestige. J'ai aussi besoin de prouver aux autres quelque chose : par exemple aux élèves qui en ont voulu à cette gamine que j'étais, qui non seulement accaparait les bonnes notes et l'estime des professeurs, mais qui en plus avait deux ans d'avance (…) »

Souvenirs, souvenirs…

En relisant ces lignes, plus de trente ans plus tard, j'ai ressenti avec le recul de la détermination, presque de la rage, voire de la « prétention »… Je venais d'un milieu rural, certes, mais j'étais loin d'être une « Cosette » dans une famille pauvre. Les jeunes que je côtoyais en classe préparatoire étaient plutôt issus de familles bourgeoises ou intellectuelles quand mes amis du village ou du collège, garçons et filles, avaient, eux, choisi de suivre des études courtes.

Je devais en avoir assez de réviser. J'avais allumé la télévision et étais tombée sur la fin d'*Aujourd'hui la vie*, au moment où les appels à témoin pour les prochaines émissions étaient indiqués. C'est là que j'ai lu sur mon écran « Comment l'ambition vient aux filles »… Sans hésiter, j'ai pris une feuille, un crayon, et j'ai griffonné quelques lignes, envoyant ma lettre sans en parler à personne. Courrier posté, presque oublié… Quelques semaines plus tard, alors que j'étais seule au domicile familial (coup de chance), le téléphone a sonné :

« Bonjour, je souhaite parler à Frédérique Cintrat. Vous avez reçu un télégramme téléphoné. »

C'était la première fois de ma vie que je recevais un télégramme, de surcroît par téléphone. Une fois l'effet de surprise passé, j'ai été prise d'inquiétude : de quoi s'agissait-il ?

« Vous avez été sélectionnée pour participer à l'émission "Aujourd'hui la vie", sur le thème "Comment l'ambition vient aux filles". L'enregistrement aura lieu le 20 juin aux studios de la SFP. Vous allez recevoir les détails par courrier. »

J'avais donc été choisie pour représenter la jeune génération ! Mes réactions étaient partagées. J'étais extrêmement heureuse, flattée et excitée par cette nouvelle expérience, et en même temps anxieuse : comment allais-je annoncer cela à mes parents ? Eux, si discrets, avaient déjà été, bien que fiers, gênés quand les journalistes locaux m'avaient consacré un article intitulé « Frédérique, seize ans, bachelière en section C », photo et interview à l'appui pour les deux quotidiens locaux, *L'Écho Républicain* et *La République du Centre*.

Là, j'avais trois informations à leur communiquer : j'avais écrit pour participer à l'émission ; j'avais été sélectionnée pour y participer ; il allait falloir qu'ils m'y conduisent. Finalement, après avoir poussé un soupir dépité, ils ont plutôt bien pris la nouvelle.

Le jour J est arrivé. J'avais choisi de porter ce que je croyais être ma plus belle robe, rose foncé, plutôt longue, pas glamour et encore moins « femme d'affaires ». Une fois sur place, j'ai reçu un excellent accueil. Direction la salle de maquillage, où on m'a présenté les femmes avec lesquelles j'allais débattre : Élisabeth Badinter qui venait d'écrire *Émilie, Émilie, ou l'ambition féminine au XVIIIe siècle* (Flammarion, 1983), Françoise Giroud, ancienne ministre, et trois autres téléspectatrices dont une adjointe à la mairie de Rennes.

À ce moment-là, j'ai commencé à prendre conscience que je jouais dans la cour des grands, aux côtés de femmes illustres que je n'avais jusque-là vues qu'à la télévision et dont j'avais déjà lu certains livres. Non, il ne fallait pas être impressionnée ! Courage... Je devais me lancer sans perdre mes moyens (cette petite voix intérieure a souvent été mon meilleur coach). Après tout, si j'étais là, c'était pour une bonne raison ! Sur le plateau, j'ai été mise en confiance par les deux journalistes, Geneviève Moll et Claude Bellei : ils nous ont expliqué comment ils allaient procéder, les questions qu'ils allaient nous poser, etc.

Mes parents étaient restés dans les coulisses et ont suivi, fébriles, l'enregistrement de l'émission dans une pièce voisine sur un écran. Tout est allé très vite. Je me souviens de mon contentement de n'avoir pas trop bafouillé. Malgré mon appréhension, j'avais trouvé les mots pour répondre aux questions qui m'avaient été posées. En septembre 1983, j'ai demandé à « sécher » le cours de maths de ma seconde année de prépa (eh oui, j'avais raté HEC !) pour pouvoir regarder l'émission dans une salle de mon établissement à Orléans. Bien sûr, je m'étais trouvée horrible, encore plus rose que la couleur de ma robe, et agaçante... Les réactions de mon entourage avaient pourtant été plutôt sympathiques et bienveillantes, parfois même surprenantes, comme le message d'une femme qui pensait avoir découvert en moi la réincarnation de sa fille décédée...

Des membres de ma famille avaient enregistré l'émission sur une cassette vidéo. À l'occasion des élections du bureau des élèves à Sup de Co Le Havre Caen, l'école de commerce que j'avais intégrée en 1984, j'ai voulu la montrer à quelques camarades de promotion. Malheureusement, la cassette avait disparu avec une valise de linge que j'avais laissée dans mon véhicule, qui avait été fracturé... À mon grand regret, j'ai dû attendre des années avant de pouvoir revoir cet enregistrement.

En relisant ma lettre, je suis encore aujourd'hui frappée par les mots que j'emploie. Certains demeurent complètement d'actualité... Les choses ont-elles vraiment changé depuis 1983 ? Je n'en suis pas sûre, en tout cas si je considère les trajectoires que l'on propose aux femmes de suivre et les perspectives qu'elles s'accordent parfois. Il me semble que les choses ont même un peu régressé… L'éducation familiale, la scolarité, les modèles donnés par les médias, les héros et héroïnes de films, les clips musicaux, etc., font qu'il est plus que jamais intéressant de s'intéresser à cette ambition féminine. Les amies de mes fils qui ne sont pas toutes issues de familles bourgeoises s'orientent souvent en terminale vers des filières comme la psychologie, le droit, la biologie, et, peut-être influencées par des séries télévisées, vers la médecine judiciaire ou la police, voire ambitionnent de devenir commissaires.

L'ambition n'a pas de sexe

Début 2013, j'ai tapé sur Internet « comment l'ambition vient aux filles » et… à ma grande surprise, la première ligne qui est apparue correspondait à un document de l'INA, l'enregistrement d'une émission… de juin 1983. Comme l'indique son résumé : « L'émission est consacrée aux polémiques que peut soulever l'ambition féminine sous les diverses formes qu'elle prend dans la société actuelle. Une jeune téléspectatrice de dix-sept ans, Frédérique Cintrat, ayant préparé plusieurs grandes écoles, explique à quelles barrières elle s'est heurtée. Trois autres téléspectatrices plus âgées évoquent leur itinéraire ; il s'agit d'Arlette Tardif (adjointe à la mairie de Rennes), de Mesdames Débats et Bachelot. Participe au débat Élisabeth Badinter pour son dernier livre *Émilie, Émilie, l'ambition féminine* (Flammarion), où elle analyse l'ambition de Madame du Châtelet et Madame d'Épinay. Élisabeth Badinter souligne l'aspect péjoratif de l'ambition, analyse la réussite de sa vie par rapport à l'angoisse de mort et donne quelques exemples des difficultés rencontrées par les femmes sortant des mêmes écoles que leurs collègues masculins. Quant à Françoise Giroud, journaliste, ancien ministre de la Condition féminine et venant de publier *Le bon plaisir* (Mazarine), elle insiste sur la différence entre l'ambition réalisée et la notoriété, entre "faire" et "être" et analyse la nouvelle forme de féminisme qui se dégage ainsi que le malaise ressenti par les hommes dans un monde en mutation. »

Dans le court extrait disponible gratuitement sur le site de l'INA, Geneviève Moll introduit l'émission ainsi : « *"Je veux tout, je veux qu'on m'offre des fleurs, je veux qu'on m'ouvre les portières, je veux être P-DG d'une société." Rassurez-vous, ce n'est pas moi qui le dis, c'est une jeune femme qui le dit, qui vient de publier un livre qui s'intitule* Femme d'affaires, affaires de femmes (…) *Sophie de Menton. Évidemment depuis qu'elle est P-DG d'une société, cela fait maintenant six ans, ses belles-sœurs lui ont tourné le dos, sa mère ne lui parle plus, elle veut même racheter tous les livres de la bibliothèque de son village afin que personne ne lise le livre de sa fille. Et pourtant, Sophie de Menton est non seulement P-DG d'une société, mais elle élève deux enfants ! Alors parler de l'ambition féminine en France, vous savez, c'est très mal vu, c'est presque un gros mot ; c'est presque une insulte que de dire qu'une femme est ambitieuse. On le sait bien, les ambitieuses, pour parvenir, emploient tous les moyens, dit-on... Pour parvenir à quoi ? Eh bien à dominer les hommes. Mais les femmes ne sont pas les dernières à les mal juger. Pourtant, les femmes dont on parle sont de plus en plus nombreuses, les femmes qui s'imposent sont de plus en plus nombreuses. Encore faut-il savoir ce qu'elles mettent, elles, sous le terme d'ambition ; encore faut-il se demander ce qu'elles sont désireuses de réussir dans leur vie ; encore faut-il s'interroger sur les nouvelles formes d'ambitions féminines.* »

J'ai évidemment saisi l'opportunité de revoir enfin l'émission en entier en commandant le DVD sur le site de l'INA ! Quand je l'ai reçu, j'étais un peu anxieuse à l'idée de le visionner. Quelle émotion de se retrouver devant une presque inconnue, la jeune fille que j'étais trente années en arrière. Geneviève Moll commence par interroger une veuve, mère de six enfants, qui a dû travailler à la mort de son mari. Cette femme de tête est devenue adjointe au maire de Rennes. Puis Élisabeth Badinter, majestueuse, évoque les deux types d'ambition des héroïnes de son dernier livre. Elle ajoute que l'ambitieux, en général, n'est pas très apprécié, vivant toujours dans le futur, plus centré sur lui-même que tourné vers les autres, avec un petit côté narcissique, voire exhibitionniste... Pour elle, « *l'ambition n'a pas de sexe* ». Une autre invitée, une femme âgée, raconte qu'elle était ambitieuse quand elle a passé le concours de l'École normale, avant de finalement prendre époux et s'occuper de sa famille... Elle confie qu'elle n'est sûrement pas allée au bout de ses ambitions — qu'elle a transférées sur ses enfants —, et qu'elle aurait eu trop honte de reconnaître publiquement qu'elle était ambitieuse, ou qu'on la qualifie ainsi. On vient de loin !

Enfin vient mon tour ! « *Et vous Mademoiselle Cintrat, qu'en pensez-vous ?* » J'ai refait connaissance avec cette jeune fille aux longs cheveux noirs qui, bien calée au fond de son siège, affirme d'une voix douce qu'elle ne voit pas pourquoi, dès lors que garçons et filles fréquentent les mêmes établissements scolaires, reçoivent le même enseignement, ils n'auraient pas les mêmes ambitions. Je reprends même les propos d'Élisabeth Badinter en les approuvant : « *L'ambition n'a pas de sexe.* » Le journaliste me demande si cela interpelle les garçons qui fréquentent la même prépa que moi. « *Oui, ils n'osent pas se l'avouer, mais quand on lance le sujet, ils se lâchent. On peut passer pour des "voleuses d'emploi" pour les postes de haut niveau.* » Il aurait sans doute été préférable que je parle de « nouvelle concurrence ». J'affirme que c'est là un phénomène nouveau, car d'ailleurs on compte peu de femmes d'affaires. Le journaliste me rétorque que leur nombre augmente. Peut-être à Paris, mais je n'en connaissais aucune dans mon environnement proche et j'avais *encore* assez peu de références.

S'ensuit un débat avec Françoise Giroud, qui défend le fait que les hommes aient cette ambition de créer, d'aller de l'avant, car ils sont dépourvus du pouvoir de créer avec la maternité ; désormais, les femmes ont une double volonté, une ambition professionnelle et une ambition maternelle, ce qui devrait déstabiliser les hommes. Pour Françoise Giroud, l'ambition est insufflée par la mère, qui mettrait toute son énergie à la transmettre à son fils, et par défaut à sa fille. Par conséquent, les filles seraient plus ambitieuses dans les familles dénuées de fils, grâce à une éducation moins stéréotypée : celle du garçon conquérant et de la fille frivole et douce.

Puis Élisabeth Badinter réprouve que quelques années en arrière, l'ambition des parents pour leurs filles se résumait à ce qu'elles fassent un « grand mariage ». Selon elle, ce sont les pères qui auront un rôle fondamental à jouer pour transmettre l'ambition à leurs filles, en les soutenant, elles et leurs projets, avec énergie, investissement et considération.

On me redemande alors mon avis : « *Ma mère a un peu peur de me voir partir à l'inconnu, vers le commerce international* (une voie que je n'ai d'ailleurs jamais poursuivie). *Elle souhaite bien sûr que je travaille, pour mon indépendance, mais que je choisisse un métier moins risqué, comme institutrice.* » Le journaliste me demande, alors que je n'ai que dix-sept ans, ce que je choisirais. Il faut croire qu'à l'époque, il semblait inconcevable de tout avoir ou de tout vouloir ! Avec un petit sourire gêné, je réponds que justement, c'est mon problème : « *Je pense à une carrière professionnelle pour le moment et non à une carrière familiale* (quelle drôle d'expression !). *Je n'envisage pas pour le moment de me marier et de faire des enfants...* » Puis Élisabeth Badinter rappelle que dans les sociétés athées, la vie sur terre doit avoir un sens et être la plus riche possible. C'est l'émergence de l'ambition, au sens de l'évitement du renoncement, du désir d'épanouissement total, que l'on recherche.

Une scolarité précoce

Mes parents se sont connus à l'école communale qui réunissait tous les enfants de leur village d'Eure-et-Loir. Ma mère était l'aînée d'une famille nombreuse et ouvrière ; mon père, lui, était l'enfant unique d'un couple de paysans possédant quelques terres et quelques vaches. Ils ont tous deux obtenu leur certificat d'études, ma mère ayant terminé deuxième du canton, puis préparé une formation agricole courte. Je suis née dix mois après leur mariage. Mon père travaillait alors à la ferme de ses parents. Comme ma mère avait pris beaucoup de poids, on lui pronostiquait la naissance d'un garçon, ce qui faisait la joie de mon père, qui allait avoir un complice et un cultivateur en herbe à la maison. Ils avaient hésité pour le prénom : Frédéric pour un garçon et Sylvie pour une fille. Comme on commençait à entendre parler de Frédérique, ma mère avait convaincu mon père de choisir ce prénom. Lorsqu'une fille de plus de 4 kg a pointé le bout de son nez, mon père a été un peu déçu, mais a vite été flatté par les compliments qu'on lui faisait sur ce gros bébé vif et plein de santé.

Très jeunes, mes parents ont dû prendre la suite de mes grands-parents paternels, après leur décès. Nous ne vivions pas dans le luxe, mais je ne manquais de rien, et surtout pas d'amour. Ma mère inventait toujours des histoires qu'elle me racontait en mimant les situations. J'étais captivée. Elle m'avait également appris à compter et à lire très tôt. Mon père, lui, m'emmenait aux champs avec le cheval de trait. Mes petites camarades du village qui ne vivaient pas dans une ferme aimaient partager des moments bucoliques avec moi, dans la remorque sur les foins. Il y avait deux vaches laitières à la ferme, le lait étant destiné à la consommation du foyer et à la vente aux particuliers. Lorsque les petits Parisiens tout bien habillés et propres sur eux, qui passaient quelques jours chez leurs grands-parents, arrivaient chez nous acheter un litre de lait, je me plaisais à leur rendre la monnaie. Le grand jeu de mon père, farceur, et le mien, était d'arroser son voisin en dirigeant vers lui le pis de la vache.

Un jour, en croisant l'instituteur du village, ce dernier leur a dit : « *Vous savez, trois ans, c'est un peu jeune pour l'école !* » Ils tombaient des nues : j'étais allée seule solliciter mon inscription au maître d'école. Mes parents sont convenus de faire un essai, puisque c'était mon souhait. Comme j'étais la seule de ma classe d'âge, que j'avais quelques notions d'arithmétique et d'alphabet, que j'apprenais facilement, j'ai suivi les cours de mes aînés de deux ans. D'où une avance que j'ai toujours conservée… Le regroupement pédagogique s'est mis en place à la fin de mon année de CP. À cinq ans, j'allais avoir de longues journées d'école et de car, avec la tournée dans les villages des environs. Cette année-là, un kyste osseux du fémur avec prise de greffe à la hanche m'a immobilisée pendant six mois. J'étais dans le plâtre du pied au bassin. J'ai subi une seconde intervention chirurgicale. En fréquentant les hôpitaux, j'ai partagé la vie d'autres enfants malades qui vivaient les mêmes difficultés que moi. Je faisais de mon mieux pour suivre ma scolarité grâce aux cours que l'on me préparait, et que l'on m'amenait, d'abord à l'hôpital, puis plus tard, à mon domicile lorsque je suis restée de longs mois alitée.

Je me divertissais en lisant les œuvres de la comtesse de Ségur et les romans d'aventures. J'aimais particulièrement *Les malheurs de Sophie*, mettant en scène cette petite fille turbulente et indisciplinée que je devais envier, et l'aventurière Fantômette, à laquelle je devais m'identifier ! Mes camarades de classe étaient attentionnés et m'envoyaient à l'hôpital des mots ou des dessins qui me réjouissaient. J'ai réussi à passer en CE2. Mon enfance s'est déroulée tranquillement : une fois mes devoirs terminés, je courais rejoindre mes copines de la ferme voisine pour jouer à l'extérieur. Comme j'apprenais facilement, je disposais de plus de temps pour m'amuser. Le soir, je jouais beaucoup aussi avec mes parents. L'été, je participais aux quelques travaux des champs. Je nourrissais les lapins et les poules et allais « dénicher » les œufs.

À l'école, je collectionnais les bonnes notes sans avoir l'impression de me contraindre. Apprendre en cours m'amusait ; je participais beaucoup, sinon je m'ennuyais. Un peu curieuse, toujours le doigt levé, je posais des questions ou tentais de répondre à celle des maîtres. Mes cours préférés étaient ceux de morale, car il y avait toujours une histoire... et j'adorais les histoires. Je n'étais pas très douée en revanche pour les activités manuelles comme le dessin, ni pour la musique. Tout ce qui nécessitait précision et minutie m'ennuyait : cela n'allait pas assez vite. Plutôt sage à l'école, bien qu'un peu bavarde, je n'étais pas du tout rebelle. La situation était plus compliquée à la maison, car je partageais le quotidien de deux jeunes adultes, mes parents. J'avais toujours eu la liberté de m'exprimer et ne comprenais pas pourquoi je devais leur obéir. Cela me semblait contre-nature quand je n'étais pas d'accord. Pour moi, c'était de l'injustice et un abus de pouvoir, ce qui m'a valu quelques remontrances, car je refusais de céder.

Une fille libre et indépendante

En 1973, à sept ans, j'ai eu un nouveau problème de santé : le mal avait gagné le col du fémur. Il fallait m'opérer de nouveau. Quand le chirurgien de la ville la plus proche, pas très au fait de ce type d'intervention osseuse, a envisagé une nouvelle intervention, mes parents ont réuni leurs économies et consulté un professeur parisien réputé. Nouvelle greffe osseuse, nouvelle intervention assez lourde. Cette fois, on m'a très vite sortie du lit et encouragée à marcher avec des béquilles, ce qui n'était pas évident, à mon jeune âge. Mon absence scolaire a été moins longue. Mes amis ont manifesté beaucoup de sollicitude à mon égard, m'aidant à me déplacer, à monter les marches, à prendre le car scolaire.

Je désespérais de voir mes cheveux courts pousser. Parfois, quand j'annonçais mon prénom à mes petits camarades de la campagne, ils écarquillaient les yeux et me demandaient, incrédules, si j'étais sûre d'être une fille. Pourtant, je n'étais pas un garçon manqué, ni dans ma façon d'être ni de parler. Je portais certes des vêtements confortables qui me permettaient de me mouvoir facilement, mais j'avais également des robes, des chaussettes blanches et des chaussures vernies pour le dimanche et les sorties. J'aimais aussi me déguiser en princesse. J'appréciais d'être enfin guérie de mes problèmes osseux et d'être libre de bouger.

À cette époque, un prêtre venait célébrer la messe au village le samedi soir. J'étais assidue, seule représentante de ma famille, d'autant plus que je préparais ma communion. En l'absence de garçons de ma tranche d'âge à l'église, l'une de mes copines et moi avons décidé de devenir enfants de cœur. Aucune raison que ce soit réservé aux garçons ! À dix ans, j'ai commencé à conduire le tracteur de mon père, ce qui m'amusait beaucoup. Je l'accompagnais aux champs pour la récolte des pommes de terre : je dirigeais le tracteur dans les sillons, et lui guidait la machine à l'arrière. Tous les trois, avec ma mère, nous ramassions les pommes de terre en les séparant dans des sacs en fonction de leur gabarit.

Derrière sa réserve, ma mère réunissait toutes les caractéristiques d'une féministe, dénonçant une certaine misogynie, parfois incontournable dans nos campagnes à l'époque. Même si elle restait à la maison en tant que cultivatrice et nounou, elle m'encourageait, justement, à me construire en fille libre et indépendante : le travail scolaire était très important. Elle me faisait réciter mes leçons, m'interrogeait à ma demande. J'étais presque toujours la première de la classe, et quand je n'étais que deuxième, j'avais un peu honte... Ma mère s'est toujours opposée à ce qu'on m'offre des jeux stéréotypés du type mini-aspirateur ou mini-machine à laver, me conditionnant dans une projection dont elle ne rêvait pas pour moi. J'ai donc reçu très tôt des tracteurs et des voitures à pédales, ainsi que des poupées.

Comme j'avais neuf ans à mon entrée en sixième, on m'a fait passer des tests pour vérifier mon aptitude et probablement tester mon QI. J'ai été jugée enfant précoce, apte à entrer au collège au chef-lieu de canton. J'avais appris qu'une ex-Clodette de Claude François donnait des cours de danse pas loin du village. Moi qui avais développé un goût pour le spectacle, d'abord en poussant la chansonnette dans les repas de famille, puis dans des radio-crochets de kermesses locales, j'avais une terrible envie de m'y inscrire. Avec trois autres copines du village, nous contemplions avec des étoiles dans les yeux les grandes qui maîtrisaient à la perfection les chorégraphies de Claude François. Nous nous sommes produites à de maintes reprises lors des fêtes de villages. Même si je n'étais pas une super-danseuse, j'ai découvert que j'aimais l'effervescence des répétitions, le trac, et le spectacle.

Une question d'orientation

Au collège, nous étions une bonne bande de copines. Avec l'une d'entre elles, nous partagions le goût de la lecture. J'aimais particulièrement les ouvrages des sœurs Groult, dont Benoîte, une féministe. J'avais pris l'option latin pour rester dans les meilleures classes. Pendant les quatre ans de collège, j'ai eu envie d'exercer plusieurs métiers : j'ai d'abord voulu être boulangère pour le contact et surtout pour mon goût immodéré pour les pâtisseries, puis institutrice. Je suis passée également rapidement par la phase coiffeuse, l'une des rares activités manuelles que j'appréciais et pour laquelle j'étais plutôt douée. Puis je me suis dit que je serais avocate : la maîtrise de l'art oratoire des avocats dans les films m'impressionnait, et défendre les gens devait être plutôt agréable.

Un jour, alors que j'étais en troisième, la vue des journalistes parcourant le monde pour couvrir les événements à la télévision m'a frappée. Voilà ce que je voulais faire : devenir reporter, parler plusieurs langues et aller là où les événements se déroulaient. J'étais convaincue que je devrais apprendre le russe : j'irais donc au lycée en section littéraire pour apprendre cette troisième langue et devenir journaliste. Mes parents, eux, me rêvaient en professeur de mathématiques, compte tenu de mes résultats et de la compatibilité de ce métier avec la vie de famille. Avec mes professeurs, ils essayaient de me raisonner, arguant qu'étant donné mon potentiel et mon âge, il ne fallait pas que je m'enferme dans une filière qui ne m'ouvrirait pas toutes les portes. Après plusieurs crises de larmes, j'ai cédé et suis donc entrée en section scientifique dans un lycée public, en internat, mon village n'étant pas desservi par les transports. J'y ai passé trois excellentes années. Moi qui étais fille unique, j'ai vraiment apprécié la vie en communauté, la complicité et la solidarité entre les internes.

Au lycée, alors que je venais de quitter un collège de campagne où je collectionnais les meilleures notes et avais 17 sur 20 de moyenne, j'ai intégré une classe comptant de bien meilleurs élèves que moi, érudits et passionnés, déjà dotés d'une grande culture générale et capables de discuter de nombre de sujets d'actualité. Ce n'était pas mon cas. L'origine socioprofessionnelle était également assez différente dans ce lycée de centre-ville de celle de mes camarades du collège. On y trouvait beaucoup d'enfants de médecins, de cadres, ou de professeurs. Heureusement pour moi, je paraissais plus âgée, donc personne ne remarquait pas que j'avais deux ans de moins que les autres. Cela a facilité mon intégration. Je ne faisais pas partie des grandes « bosseuses ». J'étais dans la section d'élite du lycée, la section C, mais loin d'être la meilleure élève. Si les classes étaient relativement équilibrées entre garçons et filles en seconde, dès la première, nous n'étions plus que sept filles sur vingt-sept élèves.

J'apprenais pour obtenir de bonnes notes aux contrôles, pas par pur plaisir, sauf si j'avais un autre objectif. C'est pourquoi l'enseignement à l'université n'était pas fait pour moi. Il me fallait des contrôles réguliers pour que j'étudie, que mon travail soit évalué régulièrement et qu'ainsi je sois motivée. À seize ans, en terminale, les choses se sont compliquées. Mes amis commençaient à décrocher le permis de conduire et à sortir. Mes parents n'oubliaient pas de me rappeler mon âge : je ne pouvais pas suivre le rythme de mes camarades. Ma mère continuait à être très stricte et exigeante : des bonnes notes, pas de sorties en période scolaire. Les relations avec mes parents étaient un peu tendues.

Des études supérieures magiques

Le choix de mon orientation s'est avéré compliqué : je n'avais pas vraiment d'idée sur les possibilités, mais je savais ce que je ne voulais plus étudier. Pourtant, mes parents m'avaient toujours dit que mes études étaient ma dot : « *Va le plus loin possible.* » Ils étaient fiers de mon parcours et je voulais qu'ils le restent. J'avais abandonné depuis longtemps l'idée du journalisme. En revanche, le marketing et le commerce international pouvaient me donner envie de me projeter. Même si je ne connaissais personne qui exerçait ces métiers, cela sonnait bien et avait l'air plaisant. HEC me faisait rêver, mais m'effrayait un peu et je ne me sentais vraiment pas au niveau, manquant trop de culture générale. J'ai passé avec succès le baccalauréat C, sans décrocher de mention. Ma détermination était forte : je le voulais ce bac, et surtout avec mes deux ans d'avance ! J'en faisais une question d'honneur. J'aimais bien me distinguer : c'était ma singularité depuis le début de ma scolarité, je voulais qu'il en soit ainsi jusqu'au bout. Je souhaitais également que mes parents soient fiers de leur fille unique.

J'ai été acceptée en classe préparatoire à Orléans. Certains camarades me paraissaient vraiment adultes : ils avaient quatre ans de plus que moi. Étant la plus jeune, j'ai été élue « Miss Bizuth ». Scolarisée en internat, j'ai beaucoup plus travaillé que les années précédentes, car je n'avais pas le choix. Lorsque je rentrais chez mes parents le week-end, j'aurais bien aimé voir mes anciens amis qui avaient opté pour des cycles d'études courtes ou travaillaient déjà, mais je devais apprendre, réviser et me ménager. Ma classe préparait à HEC, mais surtout aux écoles de commerce de province. Au concours d'HEC, j'ai terminé mille quatre centième sur trois mille. J'ai donc refait une année, comme la plupart de mes camarades de classe. Pendant cette seconde année de prépa, je me suis beaucoup amusée, découvrant la vraie vie étudiante avec mes copains et copines de classe. J'étais un peu lasse de travailler sans cesse.

En 1984, j'ai passé de nouveau mes concours : j'ai été reçue à deux écoles de Paris, la toute nouvelle école de commerce de Grenoble, et celle du Havre. J'ai choisi cette dernière. La première année a été magique : j'avais dix-huit ans et une petite voiture. J'avais tout de suite sympathisé avec les étudiants de première année et les jeunes du bureau des élèves de seconde année. J'avais donc mes entrées dans l'antre de l'animation de l'école, *a fortiori* car de nouveau, j'avais été élue « Miss Bizuth ». Outre les cours, que je trouvais très intéressants, j'aimais tous les temps de détente : les soirées, les activités, le sport. Je m'étais inscrite dans l'équipe féminine de rugby, le sport de l'école, davantage pour partager un moment avec les copines et les copains que par passion du jeu. J'avais même été élue présidente du Bureau des Sports de l'école, « fonction » habituellement réservée aux garçons... Quelle fierté ! Je suivais bien sûr les cours de danse donnés au sein de l'école et participais à des galas interécoles. J'avais aussi créé une section aérobic et donnais des cours.

Dans le cadre d'un exposé, j'avais pris des rendez-vous avec des entrepreneurs locaux et interviewé un responsable d'un fabricant de cheminées, foyers et poêles à bois, Richard Le Droff. Quand je lui ai confié que j'étais en école de commerce, où je découvrais le marketing, il m'a proposé de me présenter à son patron au siège de l'entreprise, en région parisienne. J'ai ainsi pu y suivre le stage de fin de première année. Un samedi, j'ai participé à un match de football intersites. Autant dire qu'il n'était pas fréquent qu'une stagiaire, plutôt féminine en apparence, participe avec ses collègues masculins à ce genre de manifestation. J'étais si bien intégrée à tous les services de l'entreprise que le patron m'a proposé de passer un mois dans leur filiale madrilène. J'ai bien sûr sauté sur l'occasion !

Cette expérience s'est révélée plus que positive : richesse des échanges, renforcement de ma capacité d'adaptation. Je m'étais rendu compte que j'écoutais mes interlocuteurs avec plaisir. Je pouvais m'adapter un peu partout et dans n'importe quel milieu. Sans avoir le goût du sacrifice ni une empathie démesurée, j'éprouvais un vrai plaisir à échanger, et prenais conscience que je pouvais créer très vite un sentiment de proximité, voire de familiarité, avec mes interlocuteurs. Je n'avais néanmoins pas été défrayée pendant ces deux mois de stage en France et à Madrid. Il fallait bien que je gagne de l'argent pour couvrir pendant l'année à venir les dépenses secondaires, mes parents prenant en charge ma scolarité, ma voiture, mon entretien quotidien et mon logement. J'ai décroché un travail de vendeuse dans une librairie, au rayon fournitures scolaires, dans une ville proche de mon village.

En seconde année d'école de commerce, pour tester différents univers de travail, j'ai postulé et été retenue pour un stage d'un mois au service marketing du siège d'une banque régionale. Je m'étais juré après coup que je ne travaillerais jamais dans ce secteur : on entendait une mouche voler, des collègues qui se connaissaient depuis des années s'appelaient « Madame » et se vouvoyaient. Un travail sédentaire de bureau n'était pas fait pour moi ! Quelques mois auparavant, me répétant toujours « qui ne tente rien n'a rien », j'avais écrit à la direction commerciale des entreprises audiovisuelles, car, je dois l'avouer, ce milieu fascinait la petite campagnarde que j'étais. Contre toute attente, j'ai reçu une réponse positive d'Antenne 2. On me proposait un stage d'un mois non rémunéré au service des droits dérivés et des achats de reportages.

Avec quelle joie je prenais le train le matin et arrivais au siège de la chaîne après une heure et demie de transport ! J'avais l'impression de vivre un rêve, pas quant aux tâches qui m'étaient confiées — celles d'une stagiaire d'école —, mais par rapport à mon environnement. J'avais l'impression de vivre des choses formidables. J'apprenais comment les images se négociaient d'une chaîne à l'autre, le suivi entre les chaînes et les entreprises fabriquant des objets dérivés (dessins animés), etc. On me racontait des anecdotes sur tel ou tel journaliste. Je voyais passer dans les couloirs des visages familiers du petit écran, et j'ouvrais grand mes yeux au restaurant d'entreprise lorsque s'approchait l'une des vedettes de la chaîne.

Mes collègues du service commercial, à qui j'avais confié mon envie de voir comment se préparait un journal, m'avaient présentée à des journalistes qu'ils connaissaient. J'ai ainsi pu assister à une conférence de rédaction, observant comment les uns et les autres argumentaient pour que leur reportage soit diffusé en ouverture de journal. J'étais sur le plateau du 20 heures, le 22 octobre 1986, lorsque Isabelle Adjani était venue face à Claude Sérillon assurer la promotion d'un disque, parler de son projet de film sur Camille Claudel, et démentir la rumeur de son hospitalisation. À l'issue de cette expérience, j'étais persuadée de vouloir faire carrière dans l'audiovisuel. C'était cette vie-là que je voulais : acheter et vendre des émissions, travailler dans cet univers si particulier, qui me paraissait tellement peu routinier. Être là où il se passait des choses.

Des débuts dans le commercial

En fin de cycle scolaire, je me suis pourtant décidée à me lancer dans la vente, ce qui correspondait davantage à mon tempérament. Les entreprises les plus recherchées à cette époque étaient IBM, Rank Xerox, Procter & Gamble ou Henckel. J'ai opté pour un lessivier. Avant même ma sortie de l'école, après avoir passé quatre entretiens et rencontré onze personnes, j'ai été embauchée comme chef de secteur. Je disposais d'une voiture de fonction, mon bureau ambulant. J'ai adoré la semaine d'intégration, avec cette impression de me retrouver dans une ambiance de « promo » pour assimiler les produits, les méthodes et les valeurs de l'entreprise. Mon travail me plaisait beaucoup, même s'il fallait quitter mon domicile très tôt, troquer mon tailleur pour un jean afin de monter les têtes de gondoles de couches-culottes ou de barils de lessive. J'ai découvert l'humilité, les négociations âpres avec les chefs de rayon. Ce que je détestais, c'étaient les visites inopinées de mon responsable qui se permettait de fouiller dans ma voiture, contrôler, me faire des réflexions… Cela me contraignait à agir de façon quasi militaire.

J'ai commencé à déchanter, en dépit des encouragements d'une formatrice qui s'était prise d'amitié pour moi. La présence de mon chef m'insupportait tellement que je perdais mes moyens en visite client. Je me souviens d'une négociation où j'avais été inexistante et nullissime en sa présence dans un hypermarché. Il avait donc dû reprendre la main… Quelle horreur ! Pourtant, j'obtenais d'excellents résultats de référencement sur le département d'un autre produit quand j'étais seule à bord. Rongée par le stress, j'avais des poussées de boutons. Je doutais terriblement de moi. Je tombais de haut, car après avoir tant rêvé de ce poste, je me rendais compte que je ne m'y sentais pas bien et que ces méthodes de travail ne me convenaient pas. Lors de mon entretien de fin de période d'essai, les responsables du siège et mon chef ont perçu que quelque chose « clochait ». Ils m'ont proposé de prolonger ma période d'essai. J'ai préféré en rester là. Quelle difficulté pour moi d'annoncer que je m'étais trompée, qu'on ne m'avait pas confirmée de suite et que j'avais opté pour un départ immédiat…

Qu'allais-je faire ? Moi à qui tout avait réussi jusqu'à présent, je démarrais ma vie professionnelle sur un échec. Je devais m'inscrire aux Assedic. Qu'allais-je dire aux autres ? Comment me justifier ? J'étais un peu humiliée, mais j'ai dû trouver des ressorts pour rebondir très vite. Mes parents ont approuvé mon choix et m'ont encouragée. À vingt et un ans, j'étais diplômée depuis juin ; j'avais travaillé en juillet, août et septembre, comme si j'avais effectué un stage. À présent, je cherchais du travail en septembre. Donc rien de grave. J'ai très rapidement trouvé un nouvel emploi : Cetelem m'a proposé d'intégrer un vivier avec embauche à la clé à un niveau supérieur pour devenir responsable d'agence au terme d'un an. Le « *deal* » était simple, mais demandait de relever un défi : j'allais travailler six mois comme attachée commerciale dans une agence pour vendre du crédit et de l'épargne et devais obtenir d'excellents résultats commerciaux et m'illustrer par mon comportement pour être affectée dans un autre type d'agence, sans que mes collègues imaginent que les dés étaient un peu pipés. À Rennes, l'ambiance en agence m'a plu. Au bout de ce semestre, mes résultats étaient probants. J'avais appris les techniques du commercial « de la cave au grenier » qui ne m'ont jamais quittée depuis.

Mutée à Nantes au terme des six premiers mois pour compléter mon expérience, j'avais pour mission d'appeler les personnes en impayé avant la phase de contentieux. J'ai découvert la misère humaine : des dettes inconsidérées contractées pour acquérir un appareil high-tech. C'était un passage obligé avant de prendre la tête d'une agence octroyant les crédits. Les mobilités étant fréquentes, j'ai eu l'opportunité de prendre la suite du directeur de l'agence de Tours. Le directeur régional m'a annoncé que mon heure était venue : j'allais diriger cette agence « tranquille », où il ne se passait pas grand-chose, donc particulièrement adaptée en termes de management pour une directrice de vingt-deux ans. Les conditions idéales étaient réunies pour me lancer. À peine arrivée à Tours, les choses se sont compliquées. L'un des jeunes attachés commerciaux m'a annoncé sa démission, puis une autre collaboratrice, la plus performante, qu'elle était enceinte. J'avais des idées toutes faites sur la façon dont le commercial devait se réaliser, avec l'énergie de celle qui sort de l'école et veut mettre en pratique ce qu'elle a appris. Je me suis pourtant rendu compte qu'on ne pouvait pas appliquer les techniques apprises dans les livres, et que le plus important pour mobiliser était de trouver les ressorts et les mots pour chacun des collaborateurs.

Ma chance est venue de deux femmes. J'avais recruté la première, tout à l'écoute des conseils que je pouvais lui prodiguer. Nous avons prouvé que le style de communication et de vente que je préconisais avait un impact direct sur les résultats et le chiffre d'affaires de l'agence. La seconde était une attachée commerciale proche de la retraite. Elle m'avait avoué avoir été troublée lors d'un entretien annuel où je la recevais, car c'était la première fois que l'on s'intéressait autant à elle, à ce qu'elle faisait, à la façon dont elle réagissait. J'ai ainsi gagné sa confiance et son soutien. Lors des réunions de la direction régionale, j'ai fait la connaissance d'un autre jeune directeur, celui de l'agence d'Orléans, de quelques années mon aîné. Nous représentions la jeune génération et communiquions régulièrement. J'avais en effet découvert la solitude du chef. Alors que j'aurais apprécié côtoyer en dehors de l'agence certains collaborateurs, mon statut hiérarchique m'obligeait à garder mes distances : j'incarnais une fonction.

L'international m'attirant, j'ai tenté d'apprendre l'italien avec des cassettes, puis j'ai repris des études d'anglais *via* l'entreprise. Avec mon futur mari, nous avons passé avec succès les épreuves de la Chambre de commerce européenne. J'ai demandé ma mutation au siège, car je souhaitais découvrir le marketing produit. J'étais en effet parfois frustrée de vendre des produits sur lesquels je n'avais aucune prise. Après dix-huit mois passés en agence, j'ai acheté un appartement en banlieue parisienne et rejoint l'équipe marketing de Cetelem à Neuilly. J'ai acquis une nouvelle expérience, découvert un autre environnement, un marketing de chef d'orchestre, plutôt éloigné de ce que j'avais appris à l'école.

Un jour, mon responsable m'a parlé d'une opportunité dans la société sœur, Cardif. Elle cherchait un candidat pour prendre en charge les relations de partenariat entre les deux structures, ayant eu une expérience du siège en marketing et de terrain en direction d'agence. Mon profil correspondait, si ce n'était deux obstacles : mon âge (vingt-quatre ans), et mon sexe. L'équipe partenariat était constituée de cinq hommes, plutôt diplômés, certains très expérimentés, amenés à se déplacer, à négocier, à animer en direction régionale le cas échéant, parfois à dîner en tête à tête avec d'autres interlocuteurs masculins. C'était là un nouveau défi à relever, de surcroît nécessitant de lever des barrières de stéréotypes... Ma force de conviction m'a cependant permis d'être retenue : être la première femme à exercer ce métier au sein de ce département n'était pas pour me déplaire. J'ai été très bien accueillie. Pour compenser mon jeune âge et me donner un air sérieux, j'attachais mes très longs cheveux et portais des tailleurs plutôt stricts. J'avais tout à apprendre. J'ai adoré cet univers de franche camaraderie et de stimulation intellectuelle. J'aimais les responsabilités qui m'étaient confiées : aller seule en réunion, rencontrer des dirigeants et les convaincre, négocier, animer, former, mener des groupes projets en interne pour fournir les produits au client et les gérer.

Virage vers l'assurance

Pour mon ami et moi, il était hors de question que nous passions notre temps libre à vaquer aux tâches ménagères… Nous préférions faire de la moto et du sport, aller au spectacle ou voir nos amis et nos familles respectives. Ni lui ni moi, « enfants gâtés » pourrait-on dire, n'avions été habitués à nous occuper de notre intendance domestique. Nous nous sommes décidés à payer une personne pour faire notre ménage et surtout notre repassage deux heures par semaine, quitte à sacrifier une sortie. L'intervention d'un tiers, pour quelques heures, pour assurer l'intendance, a toujours fait partie, depuis, de nos priorités, supprimant ainsi toute discussion sur le sujet…

Mon éducation m'avait enseigné une conception assez traditionnelle de la famille, avec des enfants conçus dans le cadre du mariage. Je m'étais toujours dit que j'aurais deux enfants, et ce avant mes trente ans. Voulant construire une famille, nous avons décidé de nous fiancer et de nous engager après quelques mois de vie commune, après avoir écrit noir sur blanc la façon dont nous envisagions les relations familiales, l'avenir de l'un et de l'autre, nos ambitions, nos rôles respectifs eu égard à la gestion du foyer et aux tâches domestiques, ainsi qu'à l'éducation de nos futurs enfants. La question de mon changement de nom a juste été effleurée quand nous avons décidé de nous marier. Il était entendu que je ne changerais pas d'identité et que je trouvais choquant que les femmes prennent le nom de leur époux, symbole pour moi d'une subordination dépassée.

À la naissance de mon premier fils, en 1993, j'ai choisi de profiter de la possibilité offerte par Cardif aux femmes qui allaitaient de disposer de trois mois supplémentaires de congé maternité pour s'occuper de leurs enfants. Il était entendu que même si j'étais ambitieuse et voulais obtenir de bons résultats dans l'entreprise, je refusais de passer à côté de ces premiers moments avec mon fils. Ce n'était pourtant pas habituel pour les femmes cadres, on me disait que cela pouvait être mal vu. J'ai quand même pris le risque. À mon retour, j'ai réintégré l'équipe partenariat à un nouveau poste et pris en charge des appels d'offres et des partenariats plus innovants. Mon second fils est né en 1995. Comme lors de mon premier congé maternité, j'ai passé la main à un autre collègue, car je souhaitais prendre un autre poste à mon retour.

Sept mois après mon accouchement, j'ai intégré l'équipe marketing de Cardif. Nouveau poste, nouvelle opportunité. En tant que chef de produits, j'ai énormément appris sur la prévoyance et l'épargne. L'ambiance était très stimulante, avec une équipe très jeune et un travail s'apparentant à celui d'une start-up. Alors que mes collègues restaient parfois très tard, je quittais le bureau à 18 h 30 pour voir mes enfants. Je ne pense pas que cela m'ait porté préjudice, car on n'avait rien à me reprocher dans mon travail. Quand mon plus jeune fils a eu trois ans, le problème de la garde des enfants s'est posé. Nous avons alors décidé d'habiter en permanence dans notre petite maison de campagne près de chez mes parents.

Nous espérions naïvement pouvoir trouver un emploi correspondant à nos qualifications et à nos formations en Eure-et-Loir. L'un de mes collègues, contacté par un cabinet de chasseur de têtes pour un poste dans une entreprise cherchant un profil marketing senior maîtrisant les produits d'épargne et de prévoyance, a donné mon nom. Il s'agissait d'un important assureur situé à... Montparnasse. Cela me semblait jouable depuis mon village : 30 km de voiture pour aller à Rambouillet, puis trente-cinq minutes de train direct me paraissaient compatibles avec ma nouvelle vie. Même si le niveau de responsabilité n'était pas extraordinaire, eu égard à ma progression de carrière, ce poste me permettait de gagner beaucoup plus et de concilier toutes mes vies. En quittant Cardif, j'ai eu l'idée de créer avec une ancienne collègue un club informel d'anciens de l'entreprise. Nous avions en effet été assez nombreux de ma classe d'âge à quitter l'entreprise à la fin des années 1990. Quel plaisir de nous retrouver autour d'un déjeuner deux fois par an ! La cooptation aidant, le groupe s'est agrandi et nous sommes désormais plus de cent.

J'ai commencé mon activité de chef de projet chez CNP Assurances fin juillet 1998. Une semaine après mon arrivée, un important dossier stratégique m'a été confié. Se plonger dans le bain immédiatement démontre sa capacité d'adaptation et permet de ne pas se poser trop de questions métaphysiques. Cela a été ma chance : j'ai dû faire la connaissance très vite de tous les intervenants. J'ai découvert les process d'organisation de réunions avec des groupes de travail, les comités de pilotage, soit une vraie entreprise dans l'entreprise qui mobilisait plus de soixante personnes. Ma responsable, très exigeante et très rigoureuse, m'a laissé entière autonomie sur ce dossier, ce qui me donnait l'impression, que je savourais, de piloter une PME. Une assistante marketing m'épaulait. Nous formions un binôme très efficace et très complice, et étions souvent citées en exemple dans les réunions de service.

À l'issue de ce projet, commençant à m'ennuyer et souhaitant qu'il se passe quelque chose, j'ai demandé à travailler à 90 %, ce qui me permettait de me reposer de mes trajets (au minimum deux heures trente par jour) le mercredi et de passer une journée avec mes enfants. Je ne culpabilisais absolument pas ! J'ai découvert la routine du produit lancé et du travail technique sur les produits d'assurance-prévoyance, ou encore du suivi de gamme. L'absence d'innovation majeure m'ennuyait terriblement ! Dans l'entreprise, la mobilité s'envisageait tous les trois ans. Or au bout de deux ans et demi, je ne tenais plus en place. Ce projet m'avait fait connaître et apprécier, voire gagner en visibilité. Je voulais progresser, devenir chef de service... ou partir. J'avais entendu parler d'un projet de création d'entreprise au sein du groupe par les réseaux internes que je m'étais constitués. Une société d'assistance allait naître, dont le comité de direction était déjà formé. Une « start-up » aux reins solides se créait, tout restait à construire, notamment pour le commercial et le marketing : je devais décrocher ce poste, il était pour moi !

Pourtant, une autre candidate était sur les rangs. J'avais le soutien d'une partie seulement du comité de direction, pas de mon responsable direct. Malheureusement, ma candidature n'avait pas été retenue. Je ne savais pas quoi faire. Quelques semaines plus tard, rebondissement : la DRH m'a appelée pour me demander si j'étais toujours partante. Laissant mon amour-propre de côté, je me suis lancée dans cette nouvelle aventure, m'initiant aux produits, collaborant avec des experts, assistantes sociales, psychologues, médecins, et chargés d'assistance pour imaginer les produits de demain, nouant des partenariats commerciaux. J'avais carte blanche. Je l'ai vécu comme une vraie aventure entrepreneuriale. Il fallait développer un concept, celui de l'assistance dans l'assurance, « l'assurassistance », même si je n'avais pris aucun risque financier dans l'affaire. J'ai été augmentée, conservant le statut de la maison mère et même mon temps partiel les deux premières années. Seule ombre au tableau : me rendre au moins deux jours par semaine à Saint-Cloud, dans les locaux de la filiale allongeait considérablement mon temps de transport.

Le goût du pouvoir

En 2003, mon directeur a suggéré à sa hiérarchie et à la DRH que j'intègre le vivier des hauts potentiels de la Caisse des Dépôts, actionnaire à 40 % de CNP Assurances. Après entretien, j'ai effectivement été retenue, à ma plus grande joie. J'avais le sentiment de faire partie des « élus ». J'ai retrouvé un groupe de jeunes cadres qui, tout comme moi, redécouvraient une ambiance digne de « promo » d'école, la bienveillance, le partage, les intervenants de haute volée, la symbolique du pouvoir. Nous avions l'agréable impression que l'entreprise investissait sur nous. Quel bonheur ! Nous avons eu la chance de bénéficier d'un bilan dit « 360 degrés ». À cette occasion, j'ai pris conscience que l'équipe que j'avais constituée depuis 2001 estimait que je ne lui accordais pas autant d'attention qu'à mes clients, que j'étais perçue comme une développeuse relationnelle et créative, bien plus que comme une gestionnaire super-organisée. Cela ne m'a pas étonnée. Un conseil judicieux m'a été donné à ce moment-là : il est plus facile de se singulariser en renforçant ses points forts, que d'essayer à tout prix d'améliorer ses points faibles, des actions correctrices pouvant être déployées le cas échéant.

J'ai compris également que je manageais comme je voulais être dirigée, avec beaucoup d'autonomie, ne supportant pas qu'on me donne des consignes précises. J'ai progressé dans ma façon de manager. Dans les clubs de vacances où je me suis souvent rendue avec ma petite famille, j'ai souvent analysé le comportement des animateurs, leur relation avec les clients dans la qualité de service, l'attention personnalisée et le rôle des encadrants : leur énergie, leur enthousiasme, leur exemplarité étaient souvent la clé de la mobilisation de l'équipe et généraient une joie communicative chez les vacanciers. L'inspiration ne vient pas uniquement des manuels, mais aussi de l'observation...

Mon équipe a connu des départs et des recrutements. J'ai redécouvert, avec plus de sagesse probablement qu'à mes débuts chez Cetelem, le plaisir de travailler en encadrant une équipe, de faire progresser les collaborateurs, de créer une vraie mobilisation, à l'instar de l'entraîneur d'une équipe sportive. J'ai été nommée directrice commerciale et marketing en 2005 et ai rejoint le comité de direction, avec une promotion. J'avais repris un travail à plein-temps depuis longtemps, m'organisant pour prendre mes congés parfois le mercredi. Un mercredi par mois, je travaillais en télétravail informel : j'en profitais pour étudier les dossiers de fond nécessitant réflexion, création et analyse. Lors des séances de travail avec les autres hauts potentiels, j'ai été identifiée comme créative et participative. On m'a donc conviée à rejoindre un groupe qui allait réfléchir aux propositions de synergie pour la Caisse des Dépôts. La synthèse des travaux devait être présentée devant l'encadrement du Groupe. Je me suis portée volontaire. Je savais que ce pouvait être non seulement un défi plaisant, mais également un accélérateur de visibilité si je réussissais.

La répétition générale s'est très bien passée. Le lendemain, jour J, j'ai découvert qu'étant l'une des rares femmes rapporteurs, j'avais été installée à la table d'honneur. Prenant conscience de l'enjeu, j'ai commencé à être très intimidée lorsque les rapporteurs des différents groupes de travail sont montés sur scène. Mesurant l'impact de ces restitutions, je pensais que j'allais trébucher, tant mes jambes tremblaient. Je voulais prendre le verre d'eau devant moi, à la table ronde, mais j'avais peur de le renverser tant mes mains étaient moites... Quel trac ! Puis je me suis levée pour faire ma présentation pendant cinq minutes ; cinq minutes extrêmement importantes dans ma carrière et les opportunités potentielles. Moins souriante, apparemment, que d'habitude, j'ai néanmoins relevé ce défi. Mon discours était clair, j'avais regardé l'auditoire, employé le ton approprié. Bref, j'avais convaincu. Que de félicitations et d'échanges de cartes de visite ! Je n'en croyais pas mes yeux. Je n'étais nullement la plus brillante du groupe, mais j'avais osé parler en public et mon message avait été reçu. Je n'étais plus une anonyme. J'ai vraiment pris conscience de l'importance de la maîtrise de l'art oratoire et de l'accélérateur de carrière que cela pouvait représenter. J'étais également la seule femme de l'après-midi à avoir osé. Cela m'a marquée. Pourquoi ?

J'ai ensuite participé à des groupes de réflexion stratégique à la Caisse des Dépôts, aux côtés de directeurs régionaux, forts drôles et sympathiques, qui me considéraient comme l'une des leurs. Cette reconnaissance était une vraie source de motivation. Non seulement je participais à des travaux stratégiques et mon avis comptait, mais en plus j'étais valorisée. Pensant à mon évolution professionnelle, j'ai laissé entendre à la responsable du groupe projet, une grande dame qui est devenue l'une de mes mentors, que je serais partante pour l'accompagner si elle créait une structure en charge des sujets liés au vieillissement. La « start-up » dans laquelle je travaillais grossissait et je pense avec nostalgie à ces moments, pas si fréquents, où j'ai été désignée pour assurer l'intérim du directeur général adjoint. Je savourais ces instants où je devais penser très vite, conseiller, dire oui ou non pour des microdécisions ayant des répercussions sur la bonne marche de l'entreprise. J'ai alors pris conscience que j'aimais décider sans demander l'autorisation, et donc… le pouvoir. Je savourais également les instants où mon directeur me demandait de l'accompagner à des réunions un peu confidentielles, en tout cas stratégiques, en présence d'autres dirigeants.

Représenter les femmes

Mes enfants grandissaient sans difficulté, bons élèves, agréables, équilibrés, faisant du sport et de la musique. Mon mari et moi ne manquions aucune réunion d'école et nous organisions pour nous y rendre ensemble. Mon activité professionnelle, elle, a continué à se développer, toujours autour de l'innovation des projets. Ayant néanmoins besoin de me réaliser dans un certain nombre d'activités périphériques et de me lancer de nouveaux défis, je suis devenue enseignante vacataire dans une école de commerce à Chartres. Je souhaitais animer des modules mettant en relief mes acquis et mon expérience sans aborder trop de théorie : la négociation, le management et l'art oratoire, sur six jours de congés. Me lançant là encore dans l'inconnu, j'ai travaillé d'arrache-pied le week-end, ou dans le train, pour préparer mes cours, les exercices pratiques, puis les partiels que je corrigeais ensuite.

En 2005, la personne qui dirigeait le groupe de travail sur le vieillissement de la Caisse des Dépôts, se souvenant de l'échange que nous avions eu, m'a appelée à ses côtés. Ce n'était pas exactement le poste dont je rêvais, beaucoup plus orienté vers l'animation commerciale que le développement de nouvelles activités. Pourtant, soucieuse de mon évolution professionnelle, j'ai saisi cette opportunité. Je m'étais montrée très exigeante sur le titre du poste. Si on parle de stéréotypes, on pourrait dire qu'en cela, j'ai des réactions très masculines, que j'assume... Alors que tout était réglé, que j'avais même annoncé mon départ à mon directeur, changement de cap. Ma future supérieure hiérarchique m'a appelée, catastrophée, pour m'annoncer que le poste ne pouvait être ouvert à une personne de statut privé. J'ai mis un certain temps à me remotiver, mais j'ai trouvé les ressources. Devais-je partir ? Faire autre chose ? Il en était peut-être temps, car je commençais vraiment à me spécialiser dans l'assistance de proximité. Je mesurais néanmoins ma chance de travailler en grande autonomie et de façon polyvalente, sur des sujets sociétaux, avec une richesse de contacts, une équipe motivée, un directeur qui me faisait confiance, et les avantages d'un grand groupe.

Mon mari a entre-temps créé son activité d'informaticien indépendant en 2003 auprès de petites structures et de particuliers. Son emploi du temps flexible lui permettait de se rendre au lycée ou au collège si nécessaire et de rentrer relativement tôt à la maison. Pour ma part, je ne pouvais prendre de gros risques : mon salaire progressait doucement pour atteindre un niveau très correct, même si mon statut, lui, stagnait. Je voulais devenir cadre de direction et bénéficier des honneurs et de la reconnaissance de ce titre. Mes anciens collègues de la promotion des hauts potentiels avaient presque tous atteint ce Graal. J'ai accumulé beaucoup de frustration de ne pas avoir réussi à obtenir cette gratification, signe d'appartenance officielle à la catégorie des cadres de direction de la maison mère, pour le symbole et pour la liberté d'agir et la capacité à diriger qu'on leur reconnaît, même si dans les faits, j'étais cadre de direction de la filiale Filassistance.

Pendant toutes ces années, des cabinets de chasseurs de têtes m'ont contactée plusieurs fois par an. Ces échanges sont toujours très rassurants pour l'*ego*, mais aucun des postes proposés ne me faisait rêver. J'étais très fière d'être évaluée sur le marché du travail pour un salaire annuel à plus de six chiffres, mais je recherchais avant tout de très importantes responsabilités dans une structure légère. Je préfère toucher à tout, agir de façon autonome, en faisant avancer très vite le système, plutôt que d'avoir une forte responsabilité, en silos, et surtout alourdissant mon transport. Quitter la campagne et notre style de vie en tribu avec nos enfants et mes parents, qui en outre nous aidaient pour la logistique avec les enfants, me paraissait inimaginable.

Mon équipe progressait, travaillant avec efficacité et en harmonie, et je ressentais un vrai plaisir à la manager et à développer les compétences de chacun. Outre la richesse liée au développement de ma structure, je m'épanouissais dans les activités périphériques qu'on me proposait, qui mettaient du piment dans mon emploi du temps. C'était notamment le cas lorsque j'intervenais lors de conférences pour parler du métier, de l'accompagnement des seniors et de la fragilité, des services à la personne, de l'assistance, etc. Chaque conférence est pour moi comme une entrée en scène, avec de surcroît des enjeux commerciaux, de communication, d'information, de développement. J'adore être cette ambassadrice.

J'aime également le trac qui précède mon intervention et la satisfaction du travail réussi après celle-ci, lorsque je suis sûre de maîtriser mon sujet et d'avoir communiqué. J'avais remarqué que le nombre d'intervenants était beaucoup plus important que celui des intervenantes. J'étais donc contente de représenter la gent féminine. Au fur et à mesure que les années ont passé, je déplorais, voire me sentais humiliée en tant que femme, de ne voir que des hommes en tribune, comme si c'était un état de fait. Je me suis dit que je ferais tout, je ne savais encore comment, pour y remédier.

Un coaching révélateur

L'activité au sein de ma structure devenait très prenante. Je souhaitais progresser ; ma hiérarchie m'a fait comprendre que je devais travailler davantage ma posture en comité de direction, me positionner en dirigeante si tel était mon souhait, en prenant du recul, en intervenant plus sur la stratégie que sur l'opérationnel. J'avais entendu parler du coaching, qui représente un coût pour l'entreprise. Soit c'était la solution de dernière chance pour un collaborateur qui ne donnait pas satisfaction, soit un moyen de faire progresser un collaborateur sur lequel on investissait. J'avais la faiblesse de penser me situer dans le second cas. Quand le directeur général me l'a proposé, j'ai sauté sur l'occasion. J'étais néanmoins dubitative sur les méthodes : comment quelqu'un qui n'allait entendre que ma version des faits, sans m'observer en train d'agir, allait-il m'amener à progresser ?

Parmi les deux coachs que l'on m'a présentés, j'ai choisi celui de sexe féminin, car le courant est immédiatement passé. Mon intuition me soufflait de la choisir. En quelques séances, elle m'a fait travailler sur mon sentiment de culpabilité de « faire faire » et contempler le chemin parcouru. Lorsque l'on a atteint un certain niveau dans la hiérarchie d'une entreprise, on considère qu'on n'a plus à être félicité, pointant du doigt ce qui reste perfectible. J'ai pris conscience qu'alors que je me croyais libre et libérée, j'étais encore cette petite fille qui voulait tout faire parfaitement, qui recherchait la reconnaissance par les bonnes notes. Finalement, c'est la raison pour laquelle j'avais, cachés derrière une certaine assurance, des doutes. Si je racontais presque dans le moindre détail un projet en comité de direction, c'était parce que j'attendais sûrement les félicitations, une justification d'avoir été nommée au mérite, la preuve qu'il n'y avait aucune imposture...

Ma coach Marie-Laure m'a fait prendre conscience du travail réalisé : je conduisais une Ferrari. Je devais passer en pilotage automatique. J'ai pris conscience de mes atouts et de mes compétences, de ce qui faisait mes différences et ma singularité, ce qui a renforcé ma confiance. J'ai perdu mes complexes face à des interlocuteurs issus de milieux bourgeois et intellectuels, ou diplômés des plus grandes écoles. Je n'avais plus à prouver ma valeur par mon travail uniquement. Je devais améliorer ma posture. En verbalisant certaines scènes, j'ai réalisé que les enjeux n'étaient pas nécessairement là où je les imaginais. Je suis devenue plus posée et prudente dans mes réactions dans certaines situations ou en réponse à certains e-mails, et probablement plus politique. Mon ambition s'en est trouvée renforcée. J'ai compris que, même si j'appréciais mon travail, j'aimais aussi la lumière, les défis, être aux commandes. Mes atouts de développeuse m'autorisaient à croire que j'avais sans doute les moyens de prendre certains risques. Je me donnais deux à trois ans pour devenir directrice générale adjointe, voire directrice générale d'une petite structure, dans le groupe dans lequel je travaillais ou ailleurs, exprimant ce souhait à ma hiérarchie en 2011.

La même année, j'ai appris dans un magazine d'assurance la naissance de Financi'Elles, la fédération des réseaux féminins de la banque, de la finance et de l'assurance, coprésidée par Anne Guillaumat de Blignières, conseillère du comité de direction de la Caisse des Dépôts. J'ignorais l'existence de tels réseaux. Je m'en suis réjouie lorsque j'ai lu qu'ils se mobilisaient pour promouvoir la mixité dans les instances dirigeantes. Faisant preuve d'audace, j'ai envoyé un e-mail de félicitations à Anne Guillaumat de Blignières, lui proposant de l'épauler. Je lui ai notamment rappelé mon propre engagement en faveur de la parité. Répondant positivement à ma demande de rendez-vous, cette grande dame, séduite par la diversité de mes centres d'intérêt, m'a suggéré de rejoindre le comité exécutif de Financi'Elles. J'ai accepté sans réfléchir une seule seconde, même si je savais que ce serait chronophage. J'allais pouvoir m'engager dans une cause qui me tenait à cœur, et peut-être pouvoir agir pour contribuer au changement des mentalités et des gouvernances, à défaut de changer le monde.

J'ai eu une véritable révélation, trouvant un nouveau sens complémentaire à ma vie professionnelle. J'ai côtoyé des personnes influentes, un autre monde, approché en observant énormément ce milieu qui n'était pas nécessairement le mien, avec de nouveaux codes à intégrer. J'ai aussi découvert le sens politique, une autre manière très subtile de tendre vers le résultat souhaité. Des portes se sont ouvertes. Anne m'a également proposé de la rejoindre au comité opérationnel du réseau au sein de la Caisse des Dépôts, Alter Égales. Développeuse dans l'âme et davantage orientée vers l'extérieur de l'entreprise, le rôle d'intermédiaire des réseaux me convenait parfaitement. C'est également celui que j'ai endossé au sein de la fédération Financi'Elles, étant plus particulièrement en charge des réseaux féminins de l'assurance. Je suis intervenue au sein du comité réseaux, pour en assurer les liens au niveau du maillage régional et surtout aider ces réseaux à se constituer. Quelle richesse dans les échanges et l'apprentissage par la communication des bonnes pratiques ! Que de belles rencontres !

Travailler avec d'autres réseaux m'a permis de rencontrer des femmes d'autres secteurs et de renforcer mes échanges avec elles. J'ai par ailleurs intégré un cercle au sein de l'assurance de femmes avec un profil de dirigeantes, Parité Assurances. Les réseaux féminins permettent d'interagir, de faire prendre conscience de l'importance de sortir de sa zone de confort, et d'exprimer ses souhaits. J'ai vu des femmes retrouver énergie professionnelle et motivation en s'impliquant dans ces réseaux. Au sein de l'entreprise, ils peuvent être mixtes dès lors qu'ils visent à promouvoir la mixité comme source de performance. Et dans un cadre interentreprises, intégrer des réseaux féminins semble une première étape tout à fait pertinente pour commencer à réseauter, sans arrière-pensée.

J'ai souvent reçu des personnes qui m'ont sollicitée, car elles souhaitaient recevoir des conseils professionnels, ou pour leur carrière, d'expertise métier, etc. Ici, la solidarité doit primer. On reçoit, on apprend, on partage et on donne… Bien évidemment, le réseautage ne doit pas se limiter à la sphère féminine pour progresser. J'invite donc les femmes à fréquenter les cocktails professionnels, les réunions thématiques, les endroits où il faut voir et être vues, même si cela nécessite une certaine organisation préalable.

Promouvoir le potentiel et l'envie

Aujourd'hui, je suis donc impliquée dans les réseaux qui œuvrent pour la promotion des femmes au cœur des organes de décision des entreprises. Convaincue que la mixité est source de performance, j'enfonce une porte ouverte en affirmant que les avancées prudentes viennent non seulement des hommes, en particulier lorsqu'ils sont au pouvoir, permettant ainsi aux femmes de jouer dans la même cour, mais également des femmes, pour peu qu'elles aient confiance en elles, en éprouvent l'envie, et soient assez audacieuses pour le manifester.

Concernant la détention du pouvoir, encore fortement masculine, on entend souvent dire que les dirigeants restent issus de la génération où les femmes ne suivaient pas d'études, ni n'avaient accès aux grandes écoles… Cela se vérifie de moins en moins chez les quinquagénaires, voire les quadragénaires de 2014. Il est d'ailleurs surprenant que les femmes, qui, selon les données Insee de 2013, représentent 51,6 % de la population française, soient la seule majorité assimilée à une minorité et que la notion de « genre » fasse partie des critères de la diversité, notamment pour l'accès aux responsabilités.

Il est évident que si, socialement, les hommes et les femmes considèrent qu'il incombe à la femme de seconder et de « porter » leur époux, de le servir et de lui servir de tremplin, d'exister pour l'autre et non pas à côté, il devient compliqué de rendre l'entreprise plus progressiste. Dans la plupart des cas, en se mariant, les femmes changent de nom, niant de ce fait leur identité de naissance... Combien de fois ai-je pesté sur la mention « chef de famille » quand je devais remplir un document officiel, ou encore sur la feuille d'impôt qui mentionnait « vous et votre conjoint », le conjoint étant *a priori* souvent l'épouse. Françoise Héritier, anthropologue et ethnologue française, avait observé sur France Inter le 17 décembre 2013 que dans une tribu d'Afrique, on donnait plus facilement de la nourriture à la demande aux bébés garçons qu'aux filles, car « *sinon, ils devenaient tout rouges, et il fallait bien habituer les filles au sacrifice, ainsi qu'elles le vivraient toute leur vie...* ».

On ne peut nier les stéréotypes dans la sphère publique si, dans la sphère privée, il est admis que les hommes « participent aux tâches ou aident » (dans le meilleur des cas) et qu'on ne parle pas de « partage des tâches domestiques » qui équilibrerait la relation et le positionnement de l'un et de l'autre dans le couple. Les comportements en entreprise en sont le miroir de fait : il suffit de consulter le rapport sur les relations de travail entre les femmes et les hommes[1], réalisé par le CSEP en décembre 2013, et dont Brigitte Grésy était le rapporteur, pour s'en convaincre. Lors d'une réunion, on leur demande souvent de prendre des notes ou de servir les collations. Certaines le font même spontanément si aucun homme ne prend l'initiative, par habitude, niant ainsi tous les codes liés à la reconnaissance et au pouvoir.

En outre, le nombre de foyers monoparentaux augmente : selon l'Insee[2], en 2007, il s'élevait à 14 % des familles (en augmentation de 15 % par rapport à l'année précédente), dont 85 % constitués d'une mère avec sa progéniture. Compte tenu de l'éclatement des familles et de l'essor de la garde alternée, de la volonté croissante des jeunes pères de s'impliquer dans l'éducation des enfants, la conciliation entre la vie familiale et la vie professionnelle n'est plus un sujet secondaire, mais une vraie question de performance pour l'employeur et de bien-être en entreprise pour l'ensemble des salariés. Les périodes pendant lesquelles les individus doivent s'occuper de leurs enfants (maternité)

1. Présentation des résultats de la consultation des salariés de neuf grandes entreprises françaises.
2. *Insee Première*, n° 1259, octobre 2009.

ou de leurs parents âgés concernent les hommes comme les femmes. La question du genre ne doit plus être une excuse pour promouvoir ou pas une femme : compétences, potentiel et envie doivent devenir, selon moi, des mots clés en la matière.

Force est de constater que les élites ont encore aujourd'hui tendance à se reproduire, car appartenant à un même corps social, ayant suivi les mêmes cursus, et fréquentant les mêmes cercles, souvent des réseaux, fréquemment masculins de fait. Ces cooptations limitent la prise de risque, mais freinent l'innovation liée à la différence quelle qu'elle soit, sociale, culturelle, scolaire ou sexuelle, et donc la performance.

Pour changer les mentalités dans l'entreprise, il faudrait changer la société en général, en travaillant sur l'éducation bien sûr, à la maison comme à l'école. On peut apprendre à une petite fille qu'elle peut aspirer à autre chose qu'à être jolie et souhaiter devenir plutôt sujet qu'objet. Si l'on classe les individus dans deux catégories extrêmes et caricaturales, ceux qui servent et ceux qui sont servis, ou encore ceux qui décident et imaginent et ceux qui mettent en place, elle devrait pouvoir prétendre légitimement choisir l'une ou l'autre en toute connaissance de cause. Autre constat : tous les garçons ne rêvent pas d'être les rois du monde. Ce sont ceux dont traite l'ORSE (Observatoire de la Responsabilité Sociétale des Entreprises) dans son dossier publié en 2013, « Hommes, sujets et acteurs de l'égalité », qui met en exergue l'exacerbation de l'hypervirilisation, rendant malheureux ceux qui ne se conforment pas à ce modèle social. La société pousse à l'hyper-réussite, ce qui génère un terrible mal-être chez tous ceux qui n'ont pas la mentalité ou l'envie de gagner à tout prix, mais aspirent à un autre équilibre de vie en se réalisant d'une autre façon, par l'art, la création, ou le don de soi par exemple.

Si l'on apprend à un enfant, fille ou garçon, que l'ascenseur social peut fonctionner s'il s'en donne les moyens et qu'il fournit peut-être un peu plus d'efforts que les autres, s'il a du potentiel, des modèles et des repères, s'il a été encouragé et a croisé des regards bienveillants, il peut vaincre le déterminisme de sa condition et s'autoriser à vivre ses rêves. Et peut-être qu'un autre peut réussir à mobiliser son énergie dans un autre domaine que l'activité professionnelle sans qu'il soit pour autant un moins-que-rien.

Vers un avenir d'entrepreneure

L'année 2013 a été marquée par un certain nombre d'événements pour ma famille et moi. Après un bac scientifique et une classe préparatoire intégrée, mon fils aîné a été reçu en cycle ingénieur de son école à Cergy-Pontoise. Quant au cadet, il a décroché de façon très satisfaisante son baccalauréat économique et été admis à intégrer une école de commerce à Tours. Moi qui rêvais toujours de devenir directrice générale, j'ai été approchée par un ancien collègue qui montait sa société et me pressentait pour ce poste, puis par une femme entrepreneur souhaitant que je m'associe dans sa structure. Que de réflexion...

Sans oublier l'obtention des trophées dont j'ai parlé plus haut... Avec l'écriture de cet ouvrage, trente ans après l'émission de télévision qui m'a tant marquée, alors que mes deux fils ont quitté la maison pour ne revenir que certains week-ends, j'ai l'impression qu'une nouvelle page s'écrit. Je ne cherche plus à être lisse, mais moi-même. J'assume mes lacunes, mes faiblesses et mes goûts, parfois hors normes, mes activités, mon comportement, voire mes atouts. Faire, s'exposer, accroître sa visibilité, prendre des responsabilités génère forcément des réactions, parfois de l'hostilité. J'accepte de ne pas être aimée, voire détestée par certains pour ce que je suis, et appréciée par d'autres pour les mêmes raisons. J'ai d'ailleurs participé à un séminaire intitulé « Oser être soi-même pour pouvoir agir ». Tout est dit !

Mon mari reste mon premier soutien, voire mon « admirateur », se montrant toujours à l'écoute. Quant à mes fils, ils suivent avec intérêt et parfois amusement tous mes projets, parfois comme une sorte de feuilleton familial, eux qui ont désormais leurs propres histoires à écrire. Je suis très prudente avec mes parents, surtout lorsque je croise les yeux réprobateurs de ma mère, compte tenu de son aversion au risque, qui ne comprend pas que l'on puisse se compliquer la vie, « *quand on a une belle situation, un bon salaire et la sécurité de l'emploi* ». En fait, je me rends compte que j'ai été élevée dans une famille d'indépendants, et que ma fibre entrepreneuriale était donc peut-être latente...

Je voulais vivre une vie « pas commune ». Pendant la journée, vêtue du tailleur qui s'impose, je côtoie l'univers des affaires, des décideurs, et de la stratégie, assumant moi-même des responsabilités. À la campagne, à travers mes activités sportives et celles de mes enfants, associatives, municipales ou artistiques, mes rencontres amicales, mes centres d'intérêts, j'évolue dans des milieux très différents en termes d'âge, d'origine sociale, et de façon de penser. La richesse de mes rencontres, les différents milieux que j'ai approchés, les expériences variées que j'ai vécues depuis cette émission en 1983, la troupe de music-hall, la danse, les différentes rencontres, les réseaux, les enfants, les amis, la famille, les expériences professionnelles, les responsabilités, ou encore mes engagements tendent à me faire penser que je m'en suis rapprochée.

Mes enfants sont désormais dans la bonne direction, mais ils s'envolent. J'ai encore beaucoup d'énergie et de rêves. J'ai envie de changer le monde, de faire plus que de contempler. J'ai envie d'une *success story*, de créer des emplois, d'être ma « propre patronne », d'aller plus loin dans mon engagement pour aider les femmes à être les actrices de leur propre vie, à concevoir des assurances innovantes et des services pour les besoins spécifiques des femmes notamment, puisque c'est mon métier et que j'ai quelques idées sur le sujet. Je me dis encore : que ferai-je quand je serai grande ?

Mon expertise métier et réseaux, ma mise en visibilité, mon audace et ma détermination sont autant d'atouts qui compensent mes nombreuses lacunes. Je souhaite fédérer les énergies, et elles sont nombreuses. Surtout, je veux prendre du plaisir dans mon travail, toucher à tout, et travailler dans la bonne humeur, de façon réactive, enthousiaste et souple. En 2013, plusieurs entrepreneurs à qui j'ai parlé de mon projet de création de société m'ont encouragée à me lancer : « *Tu as les compétences pour, l'énergie et la capacité à faire adhérer les autres à tes idées.* » D'autres m'ont suggéré de créer mon propre réseau. D'autres encore, et c'est arrivé à plusieurs reprises, m'ont fait sursauter en me parlant d'Assurancielles. Ce nom me colle à la peau : c'est l'assurance, l'univers dans lequel j'exerce et dans lequel j'ai développé une expertise, où j'ai mes réseaux professionnels. Assurancielles, c'est l'assurance nécessaire et préalable à tout projet.

Depuis 1983, j'ai vécu nombre de choses extraordinaires et souvent forcé le destin avec de l'audace, voire du « culot », un peu de créativité, et grâce à la gentillesse des personnes que j'ai pu rencontrer. Malgré tout cela, je ne suis pas allée au bout de mes ambitions professionnelles, qui pourraient s'articuler autour de plusieurs thèmes : créer (des activités, des emplois), diriger, communiquer, et quelque part changer une certaine vision du monde...

Je ne voulais néanmoins pas me lancer seule dans cette aventure : pendant les cinq premiers mois de 2014, j'ai rencontré différentes personnes, des hommes, des femmes. En juin, les choses se sont assez naturellement clarifiées. Nous sommes trois femmes de l'assurance, différentes mais partageant les mêmes valeurs et souvent les mêmes convictions, sérieuses sans se prendre au sérieux, à souhaiter créer chacune notre entreprise sur des savoir-faire distincts. Nous avons finalement décidé d'écrire un projet à trois, pensant qu'il serait plus pertinent d'unir nos complémentarités : ce sera donc le groupe Assurancielles, l'Assurance avec un « grand A », l'expertise en assurances, la vision stratégique, l'accompagnement des structures dans leur évolution, la prise en compte des attentes spécifiques des femmes, une nouvelle manière d'envisager le développement, un réseau social (AXielles) pour que toutes les femmes gagnent en assurance et progressent dans leur activité professionnelle. Assurancielles est née en octobre 2014. Je m'attelle donc à sa mise en place et à son développement.

CHAPITRE 3

L'ambition dans tous ses états : neuf femmes se racontent

Dans les pages suivantes, j'ai voulu dresser neuf portraits de femmes ambitieuses et inspirantes, que j'ai eu la chance de croiser, de côtoyer dans ma vie personnelle ou professionnelle. Ont-elles quelque chose en commun ? Ont-elles été motivées, encouragées, ou éduquées sans la barrière des stéréotypes ? Ce qui est certain, c'est qu'elles ont toutes une grande énergie vitale, sont gaies et optimistes, ont démontré une vraie capacité à se relever et de la détermination. Est-ce une coïncidence ? Certaines ont reçu une éducation qui leur permettait de vivre de nouvelles expériences et les encourageait à communiquer au sein de la sphère familiale. D'autres ont été amenées à se débrouiller seules assez tôt. Leurs parents ou d'autres proches ont porté sur elles un regard bienveillant tout au long de leur parcours, puis leur entourage professionnel leur a fait confiance. Ces encouragements expliquent en grande partie l'assurance acquise au fil du temps, qui leur a permis d'oser vivre ou de croire en leurs rêves.

Au fil des pages, ces portraits révèlent une admiration sans borne pour leur mère. Ils montrent aussi que l'ambition peut naître très jeune et trouver ses racines dans l'enfance, tout comme prendre et reprendre vie au cours des différentes étapes de la vie adulte. C'est le cas de celles que certains appellent des « femmes majuscules », pour reprendre le titre du magazine que Murièle Roos a créé pour les femmes actives de quarante-cinq ans et plus. C'est encourageant pour ces femmes, alors que certaines entreprises commencent à leur parler de « plan senior »… Pour elles, c'est plutôt l'occasion de faire un point sur leur carrière et de renouer ou d'accélérer leur carrière professionnelle, alors que, par exemple, leur éventuelle progéniture nécessite moins d'attention au quotidien ou commence à avoir ses velléités d'autonomie.

Comment vivent-elles leur ambition ? Que signifie-t-elle ? Cherchent-elles à aller au bout de leurs rêves ? Ces femmes ont compris qu'elles réussiraient en travaillant beaucoup, souvent en accumulant de bons résultats scolaires, en nouant les contacts nécessaires, en faisant confiance à leur intuition, et en prenant des risques. Les plus âgées d'entre elles ont vécu ou subi des orientations encouragées au lycée vers des filières plutôt « sexuées ». Elles ont également compris que les codes en vigueur dans l'entreprise n'étaient pas enseignés à l'école : outre les compétences, il faut se vendre, savoir faire, savoir être et surtout faire savoir. Elles savent demander, voire exiger, être politiques, ont développé les bons réseaux. Tel est le sésame pour accéder au pouvoir et à la liberté d'agir, en donnant de surcroît un sens très noble au mot « ambition » : celui de changer le monde.

Si l'ambition n'a pas de sexe, elle n'a pas d'âge non plus… Ces neuf femmes ont cherché l'épanouissement, qui passe par la liberté d'agir à titre professionnel, soit en créant leur entreprise, soit en décrochant des postes à responsabilité dans une organisation.

Souvent indépendantes, ce sont des battantes et des femmes libres. Ceci ne signifie aucunement qu'elles ont refusé l'amour et la parentalité ! Elles ont plutôt instauré des codes probablement moins conventionnels avec leur partenaire. Les « *role models* » inspirant ne sont donc peut-être pas uniquement les femmes P-DG ou les diplômées de grandes écoles, ce qui rassure et motive…

Puissent ces neuf témoignages donner de l'énergie à toutes les lectrices, leur donner confiance pour mener à bien la vie professionnelle, leur insuffler l'envie de se donner les moyens de se réaliser dans tous les pans de leur vie. Je les encourage à aller au bout de leurs rêves et à transmettre leur élan à leurs enfants, et notamment à leurs filles…

« Avoir de l'ambition ne dépend pas du sexe ou du milieu »

À dix-neuf ans, Ophélie Pichon[1], étudiante en médecine, veut devenir chirurgien.

En juin 2013, par une belle soirée, mon plus jeune fils, alors en plein dans ses révisions pour le baccalauréat, s'est accordé une pause en recevant quelques amis à la maison. En rentrant du travail, j'ai donc fait donc la connaissance d'une jeune fille menue et souriante, Ophélie. Je lui ai posé bien évidemment la question de circonstance : « *Et toi, quel bac passes-tu ?* » Sa réponse m'a surprise : « *Le bac S. Je veux étudier la médecine pour devenir chirurgien.* » En général, les copines de mes fils souhaitant faire médecine répondent plutôt « psychiatre » ou encore plus souvent « pédiatre »... Chirurgien reste un nom masculin ; et si sa version féminisée, « chirurgienne », existe, elle n'est presque jamais employée... Étrange ! Ophélie ayant accepté que je la rencontre pour l'interroger sur sa vision de l'ambition afin de la faire témoigner dans cet ouvrage, je l'ai retrouvée un lundi de novembre au cinquante-sixième étage de la tour Montparnasse, à Paris. Avec émerveillement, elle a dévoré des yeux la capitale illuminée et notamment la tour Eiffel qui scintillait de mille feux.

Des préjugés qui persistent

Pour Ophélie, l'ambition signifie avoir un projet et mettre tout en œuvre pour le réussir. « *Je vais vous citer deux exemples : ce peut être vouloir un avion et tout faire pour l'obtenir, ou encore vouloir posséder et diriger son propre salon de coiffure et tout faire pour y arriver. L'ambition, c'est également la démarche pour mettre en œuvre n'importe quel projet, du moment qu'il a le mérite d'exister. Mes deux grandes sœurs m'inspirent beaucoup. L'aînée, trente-sept ans, est comptable. Elle a décidé de créer son entreprise de vente en ligne et met toute son énergie à développer cette activité. Mon autre sœur a vingt-trois ans. Étudiante en master de droit, elle veut décrocher un diplôme d'avocate et parallèlement, elle vient de trouver un nom pour l'entreprise qu'elle imagine créer depuis trois ans et en a même déposé les statuts, tout en poursuivant ses études !* »

1. Le nom a été modifié.

L'ambition féminine revêt-elle un sens pour Ophélie ? « *Pour moi, c'est comme pour l'ambition en général, mais encore plus fort et plus puissant. Il me semble que les femmes doivent travailler davantage et prouver encore plus que les hommes ce dont elles sont capables, surtout lorsqu'elles veulent se positionner là où on ne les attend pas nécessairement. De plus, je crois sincèrement que les hommes ont toujours des préjugés sur les femmes, notamment sur leurs capacités et leurs compétences. Si je reprends l'exemple de l'aviation, je trouve que les femmes qui veulent devenir pilotes de ligne et même celles qui le sont devenues doivent faire preuve de pugnacité. C'est sans doute une grande fierté pour ces femmes d'avoir pu s'accomplir en réalisant leur projet. C'est désormais davantage envisageable. Par exemple, j'ai l'impression que le monde de la mode était très masculin jusqu'à ce qu'une femme comme Coco Chanel bouscule les codes. Je suis très reconnaissante à toutes ces femmes qui ont osé dire qu'elles existaient, qu'elles avaient envie d'agir et mener des projets à bien. Elles ont revendiqué leur droit à obtenir une chance de travailler, quel que soit le secteur où elles souhaitaient faire carrière.* »

Quant aux femmes qui l'inspirent, Ophélie évoque sans aucune hésitation sa mère, une femme libre, forte et courageuse, qui a transmis des valeurs à ses filles, une ambitieuse pour elle-même et pour sa famille. « *Ma mère a commencé sa vie professionnelle comme ouvrière sans aucun diplôme. Par la force de son courage et de sa détermination, elle est devenue aide-soignante, puis a suivi des formations et passé des diplômes pour être aide médico-psychologique. C'est une passionnée, qui s'intéresse à tout, à la politique, à la littérature. Elle lit beaucoup et écrit. Elle a même créé son propre blog, dans lequel elle partage ses réflexions et ses "coups de gueule" sur la politique avec un certain nombre d'abonnés. J'espère qu'un jour elle essaiera de se faire publier et reprendra ses études pour passer un baccalauréat littéraire ! En tout cas je l'y encourage.* »

Si Ophélie devait avoir un modèle « connu », ce serait l'abbé Pierre. Pas pour des raisons religieuses, mais pour son charisme et parce qu'il a réalisé quelque chose d'essentiel dans sa vie et quelque part a contribué à changer le monde. « *L'ambition peut être personnelle, mais quand elle s'incarne dans des projets altruistes, elle est encore plus noble* », estime-t-elle.

Échanges et débats familiaux

Intéressons-nous à présent à la jeune histoire d'Ophélie. Ses deux parents sont guadeloupéens, nés sur cette île. Ses grands-parents travaillaient dans des plantations. Sa mère est arrivée à l'âge de douze ans en métropole pour poursuivre sa scolarité, tout en étant hébergée chez sa tante. Des problèmes familiaux, notamment le décès de l'oncle, ont compliqué la situation. Deux ans plus tard, elle a dû gagner sa vie. Elle a trouvé un emploi dans une entreprise de parfumerie qui fabriquait des bouchons. Quant au père d'Ophélie, il est venu en métropole pour le service militaire. Il a ensuite passé différents CAP, celui d'électricien, de plombier et de chaudronnier.

Ophélie est née quand sa mère avait déjà trente-neuf ans : « *Elle travaillait alors dans une maison de retraite comme aide-soignante. Ma sœur aînée avait dix-huit ans et venait de passer son bac pro de comptabilité ; mon autre sœur avait huit ans. Mon père était comblé avec ses trois filles, et ne voulait pas de garçon... Peut-être compte tenu de son caractère. J'ai toujours vu mes parents partager toutes les tâches, notamment ménagères. Ils s'occupaient de moi en fonction de leurs horaires respectifs de travail. Mes parents ont toujours beaucoup travaillé. La situation était compliquée pour mon père qui enchaînait fréquemment les CDD. Il devait parfois se déplacer très loin et rentrait donc très tard, voire pas du tout lorsque ses missions étaient trop éloignées du domicile familial. Cela s'est un peu arrangé après ma naissance. Mon père semblait souvent éreinté, mais ne se plaignait jamais, d'autant plus qu'il avait décidé d'acheter un terrain et de construire sa maison de ses propres mains en 2003.* »

L'enfance d'Ophélie, qui n'est pas si lointaine, lui a laissé d'excellents souvenirs. Elle était la petite poupée de ses sœurs, leur protégée, et avait tendance à les taquiner. Ophélie jouait un peu à tout, aux poupées, à la dînette, aux jeux collectifs tels que le Monopoly® et Trivial Pursuit® avec sa famille. « *Comme nous avions la chance de vivre dans une maison avec un jardin, je jouais souvent au loup* », se rappelle-t-elle. Ophélie a pratiqué des activités physiques, notamment l'athlétisme (jusqu'en en compétition), l'escrime et la natation. « *J'ai aussi fait du piano, que j'ai d'ailleurs choisi en option en juin 2013 pour mon bac scientifique. Mon premier contact avec les hôpitaux s'est produit quand je me suis déchiré un nerf au pied et que j'ai dû me rendre aux urgences. J'y ai rencontré une équipe médicale très sympathique et attentionnée. J'étais si fière de mon plâtre dès lors que ma mère a accepté de le recouvrir d'une guêtre rose ! Pourtant, j'ai mis du temps à devenir un peu coquette, cela ne m'intéressait pas. Jusqu'à mes quinze ans, j'ai passé mon temps avec des copines, mais je me suis ensuite sentie plus à l'aise dans un environnement plutôt masculin. Au sein du foyer, mes sœurs et moi avons toujours participé aux conversations et aux débats. Les moments propices aux échanges et aux discussions, où nous refaisions le monde, étaient les grandes occasions comme les anniversaires ou les fêtes.* »

Détermination et volonté

Très bonne élève en primaire, Ophélie a vu ses notes chuter au collège dans quelques matières, notamment les mathématiques. Elle attribue cela pour partie au manque d'enthousiasme suscité par l'enseignant, même si elle a quand même décroché son brevet avec mention. « *Je ne savais pas trop vers quel métier m'orienter,* confie-t-elle, *mais j'ai été très marquée par l'univers médical de la maison de retraite où travaillait ma mère quand j'y ai suivi mon stage de troisième. Les soins prodigués par les équipes médicales m'ont beaucoup intéressée ! Ma mère m'a confortée dans cette attirance, tout en me faisant bien comprendre qu'il fallait que je vise bien plus haut, d'autant qu'elle pensait que j'en étais intellectuellement capable.* » C'est donc sans grande surprise qu'Ophélie s'est orientée en seconde générale au lycée, avec options musique, sciences et laboratoire. Elle reconnaît qu'elle a eu besoin de beaucoup de soutien : « *Ma mère devait sans cesse m'encourager, me donner confiance en moi et me rassurer, car je doute beaucoup, surtout de moi-même, alors que mes deux sœurs ont des tempéraments forts.* »

C'est à la fin de son année de seconde qu'Ophélie a décidé de suivre un cursus de médecine, avec le souhait de devenir pédiatre. Sentant qu'elle était trop tentée par les sorties et qu'elle manquait de cadre de travail et d'organisation, elle est partie d'elle-même en internat dans une école privée en région parisienne, pour étudier au mieux. Bien que n'étant pas fortunés, ses parents l'ont encore encouragée : « *Ils m'ont toujours dit qu'ils avaient fait des enfants pour les élever, les éduquer, les accompagner jusqu'au bout. Eux qui n'ont pas fait d'études veulent le meilleur pour nous ! J'ai eu beaucoup de mal à suivre en première scientifique, car ma méthode de travail n'était pas bonne. Alors qu'un redoublement a été préconisé, mes parents et moi avons insisté pour que je passe en terminale. Cette décision était la bonne, car cela m'a aidée à changer ma façon de travailler et à progresser. C'est aussi juste avant cette année scolaire que j'ai décidé de devenir chirurgien, après avoir rendu visite à ma sœur à la maternité et découvert les services d'hospitalisation des nouveau-nés.* » Ophélie fera donc médecine pour pouvoir opérer, sauver des vies, rendre des gens heureux et s'en réjouir. « *Pédiatre, c'est dix ans d'étude ; chirurgien trois de plus... Je suis prête*, annonce-t-elle sans sourciller. *Le baccalauréat en poche, je me suis inscrite en faculté de médecine et en classe préparatoire. Je suis plutôt satisfaite, car j'ai obtenu la quarante-cinquième place à l'examen de prérentrée. Le rythme est soutenu, il y a beaucoup de travail, mais j'ai enfin réussi à m'organiser.* »

Depuis qu'elle est née, Ophélie pense ne pas avoir remarqué de différence prononcée entre les garçons et les filles de sa génération, même si elle se souvient de quelques taquineries machistes et de stéréotypes du type « les filles au fourneau, les garçons au boulot » en primaire. « *Même si je ne ressens pas de différence entre les hommes et les femmes dans le cursus scolaire ou en termes de compétences professionnelles, je déplore l'image que les médias, ou encore les clips de rap renvoient des femmes*, poursuit-elle. *Cette image de la femme mise au service de l'homme ainsi que l'hypersexualisation de tout objet de consommation ne vont pas dans le bon sens. Nous sommes donc dans une certaine régression, les femmes étant souvent instrumentalisées. C'est peut-être pour cela que les femmes de ma génération sont moins respectées qu'il y a quelques années. Il faut donc se montrer vigilant. Récemment, j'ai eu une altercation verbale lors d'une soirée avec un jeune homme de mon âge, en BTS de comptabilité. En me toisant d'un air moqueur des pieds à la tête, il m'a asséné en pouffant :* "Toi ? Tu fais médecine ?" *Je n'ai pas pu contrôler mes émotions et ai été prise de colère, sans doute un peu excessive avec le recul. Je lui ai rétorqué que la vie que je visais n'avait rien à voir avec la façon dont il voyait les choses, lui, "petit employé" qui rentrerait chaque soir avec sa petite mallette au foyer, où sa petite femme l'attendrait patiemment dans leur petite maison.* »

Ophélie semble prête à tous les sacrifices, comme la suppression des sorties, pour atteindre son objectif. Elle est totalement déterminée et fait preuve d'une volonté de fer afin de devenir chirurgien, même si elle sait déjà qu'elle aura probablement plus de mal qu'un homme à décrocher un poste de chef de service. Pourtant, Ophélie s'y voit déjà...

L'ambition vue par… Ophélie

Avoir de l'ambition suppose un terrain propice, notamment sur le plan de l'éducation, ainsi qu'un déclic. Ce que les parents transmettent à leurs enfants, le regard qu'ils portent sur eux, et la confiance en soi transmise notamment par la mère s'avèrent primordiaux. Cette ambition peut naître dans n'importe quel milieu, en témoigne son propre exemple ! Ophélie n'était pas une élève brillante, mais a été portée par l'envie farouche d'aller au bout de ses rêves.

Ses conseils

- Ayez toujours confiance en vous.
- Ne perdez jamais courage.
- Et surtout n'hésitez pas à demander du soutien.

« Je suis déterminée à réussir »

Carol-Anne Hernandez est en master en assurances en alternance et assistante chef de produit dans le même secteur. À vingt-trois ans, elle ambitionne d'y faire carrière.

Quand j'ai rencontré Carol-Anne, son investissement dans l'assurance, mon propre secteur d'activité, m'a donné envie d'en savoir plus sur ses envies et son ambition. Pour cette jeune femme, être ambitieuse, c'est se donner les moyens et ne pas lâcher pour réussir, c'est-à-dire se fixer un objectif et l'atteindre. « *On peut davantage parler d'ambition sur le plan professionnel, car on exerce un contrôle plus important sur les moyens, les leviers*, estime-t-elle. *C'est également chercher à atteindre une rémunération permettant d'avoir un bon niveau de vie, une indépendance financière totale, pour vivre avec sa famille confortablement, sans se soucier des dépenses ou du lendemain. C'est donc décrocher un poste important, à responsabilités. J'aimerais pouvoir agir avec une certaine liberté et devenir une personne clé, reconnue.* »

Et l'ambition féminine dans tout cela ? « *Avant tout, l'ambition est partagée et doit être une aspiration commune aux femmes et aux hommes*, souligne Carol-Anne. *Il n'y a pas de raison que les femmes ne réussissent pas autant que les hommes ! De plus, tous les hommes ne sont pas nécessairement ambitieux et toutes les femmes ne rêvent pas de s'épanouir uniquement à travers la maternité. Certes, les femmes ont beaucoup de choses à porter sur les épaules, mais il ne devrait pas y avoir de différences au sein d'un couple : chacun doit s'occuper à parts égales des enfants. Si de surcroît, comme moi, une femme souhaite porter des tenues dites féminines, il faut que les stéréotypes assimilant jupes et talons à écervelées ou objets de séduction disparaissent. Je ne pense pas que ce soit un problème de génération.* » Parmi ses amis, Carol-Anne ne voit pas de différence entre l'ambition des femmes et des hommes, ni d'écart de traitement, y compris pour celles qui veulent réussir en entreprise. Elle s'avoue néanmoins très angoissée quand elle pense à la maternité : « *J'aimerais avoir des enfants... Ce n'est pas la phase de l'éducation qui m'effraie, mais l'idée d'annoncer ma grossesse et de ne plus trouver de poste ou d'être pénalisée au retour comme j'ai déjà pu l'observer aux cours de mes différentes périodes de travail en alternance en entreprise. J'ai du mal à comprendre les garçons ou les filles de ma génération qui manquent d'ambition mais voudraient avoir une vie plus facile, alors qu'ils ne font rien pour cela, restent résignés ou acceptent avec un certain déterminisme ou de la fatalité de ne pas quitter leur condition, même si celle-ci ne leur convient pas.* » Pour elle, ambition rime avec sens de l'effort : si on se plaint, il faut tout faire pour essayer d'en changer. Plutôt que de rester passif ou victime, on doit se prendre en main.

La volonté de réussir

Qu'est-ce qui a bien pu insuffler en Carol-Anne une telle ambition et cette forme de rage ? « *Mes parents, qui se sont connus très tôt, ont quitté l'école à seize ans, sans diplôme,* explique-t-elle. *Mon père devait avoir le niveau de CAP en métallurgie. Quand je suis née, ils avaient vingt et un ans et travaillaient tous les deux à l'usine. Je suis l'aînée de trois enfants. J'ai toujours vu mes parents travailler beaucoup pour subvenir aux besoins de la famille. Ma mère faisait même des heures supplémentaires le samedi dans son entreprise. Ma grand-mère maternelle, caissière, s'est aussi bien occupée de moi. J'ai passé mon enfance dans une HLM d'une cité de la banlieue de Chartres. Mes parents veillaient à nous protéger et ne voulaient pas que nous sortions seuls quand nous avions du temps libre.* » Comme aujourd'hui, Carol-Anne lisait déjà beaucoup et jouait souvent avec son frère. Ils échangeaient souvent leurs chambres : « *Je jouais ainsi en toute quiétude avec son Action Man ou ses petites voitures, même si j'aimais bien aussi mes Barbie. J'ai aussi fait beaucoup de sport, mais la compétition ne m'a jamais attirée.* »

Plutôt bonne élève, Carol-Anne était surtout celle qui avait toujours quelque chose à dire, quand l'instituteur ou l'institutrice interrogeait les enfants ou pour commenter le comportement d'un élève ou le stimuler. « *À la maison, on me reprochait également de toujours vouloir avoir le dernier mot, même si mes parents nous ont plutôt encouragés à nous exprimer*, poursuit-elle. *J'aimais bien aussi diriger, notamment mon petit frère. Je n'ai jamais été bridée, bien au contraire, et élevée dans le respect de l'autre, avec des valeurs de communication, d'échange et du sens de l'effort, et enfin de l'affection. Mes parents m'ont appris qu'on ne pouvait posséder que ce que l'on avait les moyens de s'offrir et qu'il fallait se donner les moyens d'obtenir ce à quoi on aspirait.* » En classe, Carol-Anne avait des amis, mais son tempérament affirmé lui a aussi créé des inimitiés, notamment féminines. Elle a fini avec quelques amies par rejoindre des garçons parfois fortes têtes ou « grandes gueules ». « *La neutralité, la douceur et la docilité ne sont pas vraiment ma tasse de thé ! Vers dix ou onze ans, je me voyais devenir maîtresse d'école ou secrétaire, m'imaginant par exemple prenant des rendez-vous pour des professionnels de santé. C'est à cette époque que mes parents ont déménagé dans un village proche de Chartres pour que nous ayons un petit jardin. Le début de l'adolescence a été compliqué, mais également le déclencheur de ma nouvelle implication scolaire. Je me sentais de plus en plus rebelle et ambitieuse* », confie-t-elle.

Carol-Anne avait une réelle complicité avec son père, qu'elle appréciait beaucoup. C'est alors que ce dernier s'est épris d'une jeune femme rencontrée sur Internet. « *C'est moi qui ai découvert cette liaison d'abord virtuelle, qui, en l'espace de quelques semaines, s'est transformée en un point de non-retour. Mon père a tout quitté pour rejoindre sa nouvelle compagne à l'autre bout de la France. Ce départ nous a confrontés à des difficultés matérielles. Ma mère a dû rapidement retrouver un poste à l'usine. Son SMIC lui permettait tout juste de nous faire vivre, la pension versée par mon père ne suffisant pas* », se souvient-elle. Carol-Anne a donc dû soutenir sa mère au quotidien. Cette épreuve a exacerbé le caractère bien déjà bien trempé de la jeune fille : « *Je ne voulais plus entendre parler de mon père qui nous avait laissés dans une grande fragilité économique. Au lieu de sombrer dans la délinquance, alors que l'ambiance à la maison était parfois difficile, j'ai compris que mon salut viendrait de l'école. Ma volonté de réussir était presque un désir de vengeance, une sorte de revanche. Cette rage d'apprendre m'a permis de rejoindre le groupe des meilleures élèves. Je me suis promis que je ne connaîtrais jamais plus une vie pareille, que je m'en sortirais.* »

Se donner les moyens

Au moment de quitter le collège, les professeurs de Carol-Anne l'ont poussée vers un baccalauréat général. « *J'ai choisi la section économique et passé mon bac avec succès,* se remémore-t-elle. *Mais que faire après ? Je n'avais pas vraiment de références dans mon cercle familial, à part un cousin qui avait fait un BTS banque et qui symbolisait la réussite à mes yeux : il est directeur d'une agence bancaire et gagne bien sa vie. Le choix d'études en alternance s'est vite imposé : je ne voulais pas aller à l'université et ne pouvais opter pour des études onéreuses. Avec l'aide d'une de mes tantes, j'ai trouvé une entreprise dans les assurances qui acceptait des alternants. C'est ainsi que j'ai découvert ce secteur d'activité, qui m'a plu.* » De surcroît, ce rythme et ce système lui convenaient parfaitement : moins d'école, plus de vie en entreprise, et surtout, outre le fait que ses études étaient financées, un petit revenu lui permettant de se faire plaisir et de participer aux dépenses de la famille.

Une fois son BTS obtenu, Carol-Anne s'est demandé si elle devait continuer ses études ou chercher un emploi. « *Je me suis vite rendu compte qu'avec mon diplôme, je ne pourrais prétendre qu'à un poste de gestionnaire, ce que je faisais déjà, ou de conseillère en plateforme téléphonique, ce qui ne me faisait pas rêver,* analyse-t-elle. *J'ai donc décidé de tenter une licence en alternance. J'ai été retenue chez Cardif, à Nanterre. Même si les allers-retours entre mon travail et mon domicile m'obligent à me lever à 5 h 30 du matin, cela ne me dérange pas. Je veux me donner les moyens de réussir.* » Une fois sa licence obtenue, elle a tenu le même raisonnement que l'année précédente : il lui fallait continuer ses études pour pouvoir prétendre à un emploi de cadre et à un salaire décent : « *Je croisais parfois des femmes et des hommes des services marketing, ou commerciaux, des cadres pour la plupart... Cela me faisait rêver. Le marketing me semble une matière passionnante. On fait des réunions, on échange, on est à l'origine des produits, etc. J'ai donc décidé de passer mon master au sein de Cardif et de postuler pour devenir assistante chef de produit marketing. L'entretien s'est avéré concluant et j'ai été prise !* »

Carol-Anne est aux anges et adore ce qu'elle fait. Même si elle n'est qu'assistante chef de produit, elle s'intéresse à tous les sujets de la vie de l'entreprise et du monde de l'assurance et est invitée à participer à un certain nombre de réunions. Elle l'avoue : « *Je revis ! Je peux m'exprimer, on m'écoute ; j'ai l'impression d'avoir un peu d'importance, et même parfois le sentiment que les niveaux hiérarchiques s'abaissent ou se nivellent. C'est un bonheur de travailler dans une grande entreprise, soucieuse de la progression de ses salariés et qui investit pour les faire progresser.* » Avide de rencontres et d'échanges, Carol-Anne discute avec les collaborateurs d'autres services, parfois des managers qui apprécient probablement sa spontanéité. Elle sent poindre néanmoins quelques reproches de la part de ses camarades alternants : « *Ils me perçoivent comme quelqu'un qui veut se faire une place. Il est vrai que je recherche davantage la compagnie des salariés de l'entreprise. Pourtant, je ne fais pas de calculs, j'apprécie la richesse des échanges. Cela étant dit, je ne refuserai pas les coups de pouce que l'on pourra m'apporter. C'est humain.* »

Une angoisse moteur

Et demain ? Tout reste à construire. « *Ne pas avoir de relations m'angoisse beaucoup. J'ai en effet pris conscience, au fil de mon alternance, de l'importance du réseau dans la vie professionnelle. Certains de mes camarades de classe vont rejoindre l'entreprise de courtage de leurs parents, d'autres pourront saisir des opportunités de poste par le biais d'un ami ou d'un parent... D'autres encore décrocheront des rendez-vous parce que l'un de leurs proches connaît quelqu'un. Moi, je connais très peu de personnes influentes ! Dans le contexte actuel de crise, pourquoi serais-je retenue pour LE poste de mes rêves ? Cela m'angoisse d'autant plus que mon entourage me considère comme celle qui a déjà réussi, a décroché un bac + 5, s'est payé seule sa voiture, aide sa mère financièrement, et fait attention à son apparence. Ce serait catastrophique de me retrouver au chômage après tout cela, ou de devoir prendre n'importe quel petit boulot pour m'en sortir... Quel gâchis après tant d'efforts !* » s'inquiète la jeune femme. Carol-Anne déplore qu'on ne comprenne pas toujours son ambition. Ses proches ne perçoivent pas forcément ce qu'elle fait concrètement à son travail, ce qu'elle apprend et ne s'y intéressent pas spontanément. Difficile de partager avec eux ses angoisses quant à son avenir. « *D'ailleurs, on me reproche souvent de trop me projeter, de trop calculer la suite. Dans mon entreprise comme à la maison, j'entends fréquemment qu'on ne s'inquiète pas pour moi, car je serai embauchée. Mais rien n'est moins sûr et je suis souvent en proie aux doutes* », avoue-t-elle.

Cette angoisse va-t-elle à l'encontre de son ambition ? Sûrement pas, bien au contraire. Carol-Anne souhaite d'abord trouver un poste en adéquation avec ses études, puis elle voudrait devenir chef de produit pendant quelques années, puis prendre des responsabilités. « *Pourquoi ne pas viser à terme d'entrer dans un comité exécutif ? J'ai envie de me sentir importante, de jouer un rôle clé dans l'entreprise, d'en côtoyer ceux qui comptent, voire d'en être. Mais je dois pour cela résoudre un problème : en général, on n'aime pas ceux qui détiennent le pouvoir, or je reste encore très sensible au jugement des autres* », reconnaît-elle. La jeune femme en est déjà à planifier le moment où elle aura des enfants : plutôt avant trente ans, car c'est après que sa carrière devra exploser... « *Je me fais déjà des nœuds au cerveau à l'idée d'annoncer mon futur congé maternité et la gestion de mon retour dans l'entreprise ! Mais ma volonté est plus forte que jamais.* »

L'ambition vue par... Carol-Anne

L'ambition peut venir aux filles comme aux garçons. Pour les premières, il s'agit en tout cas toujours de prouver qu'elles valent autant que les seconds. Dans les familles modestes, l'ambition naît du désir de survivre ou de s'élever socialement, alors que dans les familles bourgeoises, ce peut être par le désir forcené, notamment pour les filles, par exemple de reprendre l'entreprise familiale. Dans ce milieu, avant même de parler d'ambition pour sa vie future, le choix des études est guidé par la culture, voire la tradition familiale. La question n'est pas d'étudier ou pas, car c'est une évidence, mais plutôt de savoir quel établissement choisir parmi toutes les écoles d'ingénieurs ou de commerce existantes. Les chances ne sont donc pas les mêmes... ni les expériences vécues, car elle est persuadée que son histoire personnelle a fait germer en elle cette soif de réussir.

Ses conseils

- Donnez le meilleur de vous-même et allez jusqu'au bout de vos ambitions.
- Ne lâchez pas et conservez la « niaque ».
- Sachez apprendre à vous relever après un échec ou face aux difficultés.
- Apprenez des autres tant sur le plan professionnel qu'humain tout en restant vous-même et honnête.

« L'ambition, c'est le contraire de la routine ! »

Fondatrice et directrice générale d'Aidax, une entreprise de services à la personne, Raghia Battah, trente-neuf ans, a signé le premier contrat de génération en présence de François Hollande en 2013.

J'ai rencontré Raghia Battah en 1995, quand nous l'avons choisie pour garder nos enfants en bas âge. Originaire du Maroc, arrivée en France à l'âge de dix ans, elle venait de quitter l'école en classe de première qu'elle avait rejointe après un cycle professionnel. Elle n'avait malheureusement pas d'autre choix que de travailler. Depuis, Raghia est devenue une amie. Elle s'est prêtée avec enthousiasme à l'exercice de l'interview en vue de rédiger ce livre. Elle dirige en effet une entreprise de services à la personne qu'elle a créée en 2007 à Aubergenville, dans les Yvelines, qui emploie trente-cinq personnes. Elle a accueilli dans sa société le Président de la République, François Hollande, en mai 2013, pour signer le premier contrat de génération. Marathonienne, mariée et mère de deux préadolescentes sportives et bonnes élèves de treize ans, Raghia issue de la diversité, loin d'être née avec une cuillère en argent dans la bouche a eu un parcours admirable et remarquable.

Toujours en quête de défis

Pour Raghia, l'ambition se traduit nécessairement par quelque chose de très concret, qui se matérialise : « *C'est imaginer un projet, le monter et aller au bout du processus. C'est le contraire de la routine ! L'ambition, c'est vivre ses rêves, être libre, et donc heureux. Nombreux sont ceux qui rêvent d'accomplissement, mais ils ne passent jamais à l'action. Quand on est ambitieux, on est mû par la volonté forcenée d'y arriver, de mettre les moyens nécessaires en œuvre pour parvenir à un résultat. L'ambitieux est satisfait quand il réussit quelque chose, mais repart très vite en quête d'un nouveau défi. Je me considère ambitieuse, car j'ai décidé de créer mon activité, d'être ma propre patronne. J'imagine et déploie mes projets en toute liberté... Même si je n'ai jamais voulu accéder à un poste traditionnellement réservé à un homme, l'ambition s'incarne pour moi dans l'entrepreneuriat, dans le souhait de travailler à son compte.* » Pour trouver l'énergie nécessaire pour vivre son ambition, Raghia a trouvé une astuce : elle choisit de ne s'entourer que de personnes positives et souriantes, qui diffusent de l'enthousiasme et de l'optimisme — des qualités nécessaires, voire essentielles, quand on œuvre dans le secteur des services à la personne. En cela, sa sœur Myriam, qui s'occupe du développement de l'activité à ses côtés, pleine d'humour et de vivacité, apporte beaucoup de fraîcheur.

Raghia ne parle jamais de ses difficultés. Elle refuse de se placer du côté des « victimes » ou de baisser les bras. « *Mon ambition se traduit également par une aspiration à dépasser mes propres limites à travers le sport*, précise-t-elle. *En 2008, j'ai rejoint un club de course à pied. Découvrant ainsi l'émulation collective, je me suis très vite mise à la compétition : au bout de trois mois, j'ai voulu m'engager sur un 10 km, puis très vite sur un 20 km. L'objectif du marathon est rapidement devenu une évidence ! La préparation et la course sont difficiles. Je me souviens encore de la douleur ressentie à l'arrivée de ma première course… Je ne sentais plus mes jambes, mes pieds étaient meurtris, mais en même temps je savourais le plaisir intense d'avoir réussi, d'avoir dépassé mes limites. Très vite, j'ai voulu recommencer. Je veux faire un marathon chaque année !* » Cette épreuve sportive l'aide au quotidien à puiser dans son énergie et à garder à l'esprit l'objectif à atteindre sans se plaindre ni baisser les bras.

Quand on lui parle d'ambition féminine, Raghia prend spontanément l'exemple de la politique. Son activité professionnelle l'amène à rencontrer beaucoup d'élus, maires et conseillers généraux. « *Je déplore qu'il y ait si peu de femmes parmi les représentants politiques, peut-être et sans doute parce qu'on ne leur laisse pas la place*, regrette-t-elle. *Si l'on comptait plus d'élues de proximité, la représentation nationale n'en serait probablement que meilleure et source de performance et de progrès. Il reste malheureusement encore beaucoup de métiers occupés presque exclusivement par les représentants d'un sexe. Par exemple, je ne côtoie presque que des assistantes de service social… C'est dommage !* »

Un métier dans le tertiaire

D'où viennent l'énergie, la volonté et l'ambition de Raghia ? Cette entrepreneure est issu d'une famille marocaine bédouine. Les Bédouins, peuple nomade, ont vécu sur le mode matriarcal jusqu'au XVIIe siècle : les femmes jouissent encore de beaucoup de pouvoir et prennent les décisions, tout en mettant subtilement les hommes en valeur. L'enfant porte toujours le nom de sa mère. « *Faute de ressources suffisantes à la campagne, mon père a dû s'installer en ville, aux portes du Sahara*, se souvient Raghia. *Il s'est marié assez tard, à quarante ans. Les usines Renault ayant besoin de main-d'œuvre, mon père est parti pour la France dans les années 1970. Il envoyait régulièrement un mandat à sa famille, puis revenait pour les vacances d'été. Je suis née pendant cette période de sa vie. Comme il était souvent absent, ma mère m'a élevée seule, avec mes deux frères aînés et mes deux petites sœurs. Nous avions peu de moyens, mais cela ne m'empêchait pas de jouer ! Je confectionnais des poupées, je jouais aux billes, ou je retrouvais les garçons et les filles du quartier pour m'amuser dehors. Ma mère ayant repris un travail, je me suis beaucoup occupée de mes petites sœurs à partir de neuf ans. J'étais bonne élève. J'avais sympathisé avec une petite fille riche, qui circulait dans une voiture conduite par un chauffeur et qui possédait, comble du luxe, des Barbie. Certes, je l'enviais, mais je ne me sentais pas aigrie, car c'est moi qui l'aidais à faire ses devoirs ! Il y a une justice.* »

Quand elle a eu dix ans, Raghia a déménagé en Île-de-France avec toute la famille, par le biais du regroupement familial. Un changement difficile pour tous... Du jour au lendemain, son père a dû partager son logement de vingt-cinq mètres carrés avec son épouse et leurs cinq enfants ! « *Ma mère a rapidement trouvé un emploi de femme de ménage dans des bureaux à La Défense*, raconte-t-elle. *Nous, les enfants, avons suivi une année de mise à niveau avant de pouvoir intégrer une classe régulière. J'ai eu un peu de mal lors de l'entrée en sixième, même si tous mes professeurs ont loué ma bonne volonté. J'étais la seule "beurette" de ma classe. J'ai opté pour une scolarité courte et efficace : un BEP de comptabilité, suivi d'un bac pro que je n'ai pas pu passer tout de suite. Si les conditions avaient été réunies, je me serais sans doute orientée vers le social, pour aider ceux et celles qui ont quelque chose à réparer. C'était ce que je vivais à la maison, où mes frères auraient vraiment eu besoin d'un cadre. Ma mère était complètement désarmée... Après que j'ai quitté l'école, j'ai commencé à garder des enfants pour gagner ma vie. J'avais l'habitude des enfants.* »

Déterminée à s'en sortir, Raghia a terminé son bac pro par correspondance. Elle voulait exercer un « vrai » métier dans le tertiaire. Elle s'est mariée très rapidement avec son jeune amoureux, marocain également. Ouvrier qualifié, il travaillait alors chez Renault — désormais chef d'atelier, il encadre deux cent cinquante personnes. Raghia a décroché un poste administratif dans une association d'insertion professionnelle, mais s'est vite ennuyée. « *Je n'ai pas accepté le CDI qu'on me proposait : les collaborateurs étaient blasés et ne voulaient aucun changement dans leur routine*, se souvient-elle. *Puis j'ai trouvé un travail d'agent polyvalent dans une structure qui gérait des payes. Avec mon mari, nous faisions des extras, par exemple serveur et serveuse au Moulin Rouge. À l'époque, je rêvais d'une petite maison avec un grand jardin. Je voulais un ancrage.* » Même si son travail ne la passionnait pas, il lui permettait de gagner sa vie et d'assurer une certaine stabilité professionnelle : « *Quand j'ai appris le départ de ma directrice, j'ai postulé ! Je n'avais rien à perdre. Au contraire, j'avais tout à gagner. Ma candidature a été retenue ! On m'a fait confiance, comme souvent. J'ai vraiment apprécié travailler en étroite collaboration avec les dirigeants, et encadrer deux collaboratrices. C'est pendant cette période que j'ai donné naissance à nos jumelles. Le calcul a été vite fait : le prix de la garde d'enfants équivalait financièrement à mon salaire...* »

Un projet d'entreprise

Raghia s'est occupée de ses filles avec grand plaisir jusqu'au moment où elle n'a plus supporté cette vie au foyer : elle se voyait finissant ses jours dépendante de son mari, sans ressources, coupée du monde, passant ses journées à commérer sur les faits et gestes du quartier… « *Reprendre une activité professionnelle est devenu une absolue nécessité pour moi*, confie-t-elle. *Une fois en poste, j'ai embauché une dame pour s'occuper de mes filles. Il ne me restait que 130 euros par mois, déduction faite des frais de garde, mais travailler était devenu le garant de mon équilibre et de mon indépendance. Il était d'ailleurs temps que je m'y remette, car mes quasi trois ans de pause m'avaient considérablement pénalisée par rapport aux nouvelles technologies : les logiciels avaient évolué, l'utilisation d'Internet s'était généralisée.* » Au bout de quelque temps, ne trouvant plus de satisfaction personnelle dans son travail, qui l'ennuyait, et aspirant à un ailleurs plus épanouissant, Raghia a fini par quitter son emploi. « *Je savais que mon expertise en comptabilité orientée paye pouvait représenter un certain atout. J'ai décroché un poste dans un centre comptable, d'abord en intérim, puis en CDI en tant qu'aide administrative et ressources humaines. J'essayais d'apporter des idées pour améliorer l'existant, mais elles n'ont pas été entendues… Quand mon responsable est parti, on m'a proposé de reprendre ses missions. J'étais ravie, jusqu'à ce que je comprenne que mon salaire de 1 500 euros mensuels ne serait valorisé que de 100 euros, alors que mon prédécesseur gagnait près de 4 000 euros ! Comme mes compétences étaient nécessaires au bon fonctionnement de l'entreprise, j'ai menacé de partir si on ne me respectait pas davantage* », explique-t-elle. Sa détermination et son assurance ont payé, puisqu'elle a réussi à obtenir une rémunération mensuelle de 2 500 euros !

C'est à la faveur de ce poste que Raghia a vraiment pris conscience du grand bonheur que lui procuraient l'autonomie et ses nouvelles responsabilités. Elle avait la possibilité de construire, par exemple, des entretiens annuels pour les intermittents du spectacle : « *Je gérais une masse salariale de plus de 7 millions d'euros, sans hiérarchie pesante. Cependant, j'ai vite compris que la santé financière de l'entreprise n'était pas florissante. J'ai pensé qu'il allait falloir que je prenne les devants. Un soir de 2006, en rentrant à la maison, j'ai fait un tour dans un salon des services à la personne. À l'époque, on ne parlait que du plan Borloo et du soi-disant nouvel eldorado des services à la personne.* » Raghia savait gérer des personnes, réaliser des payes, connaissait les règles de comptabilité, ainsi que le travail à domicile pour l'avoir pratiqué. Elle-même avait embauché quelqu'un pour garder ses enfants, disposait encore d'un réseau de nounous, sans compter d'anciennes copines qui seraient prêtes à la suivre… Pourquoi ne pas se lancer dans ce secteur ?

Enthousiasmée par son projet, Raghia a assisté à quelques conférences sur le sujet. « *Très vite, j'ai écarté l'option de la franchise*, explique-t-elle. *En revanche, les propos d'un dirigeant d'une structure de services à la personne m'ont séduite. Encouragée par mon entourage, mes parents, mes frères et sœurs, et mon conjoint, j'ai fait des recherches. J'étais prête à prendre des risques, en dépit du crédit contracté pour financer notre maison. Mon but était de cibler les actifs cherchant des prestations de garde d'enfants et de ménage.* » Pleine de confiance et d'assurance, persuadée du bien-fondé de son projet, Raghia s'est rendue dans les mairies et les services sociaux pour présenter son projet, valorisant la perspective de créer des emplois. « *De nouveau, on m'a fait confiance. J'ai quitté mon emploi et j'ai créé mon entreprise, Aidax ! Une municipalité m'a prêté un local. J'ai calculé les prévisionnels, les charges, mes besoins en trésorerie, et les prestations nécessaires. Pendant les deux premières années, je ne me suis pas versé de salaire. Heureusement, je bénéficiais d'aides en tant que créatrice d'entreprise. Je me suis orientée rapidement vers les situations de fragilité, le handicap, la dépendance et la fin de vie* », poursuit-elle.

Très vite, Raghia a souhaité faire certifier son entreprise pour lui donner un gage de qualité supplémentaire. En outre, elle s'est inscrite dans une plateforme, CIMAP (Centre d'initiatives des métiers d'aide à la personne), qui professionnalise le secteur, contribue au réseautage, et permet de financer les actions visant à optimiser la qualité, les formations, etc. « *Je suis en lien direct avec Pôle emploi, car je recrute souvent des personnes, notamment des femmes au RSA*[1]*, à qui je redonne espoir et dignité en les formant et en leur permettant de faire partie d'Aidax. En 2012, voyant que je ne réussirais pas à tout gérer seule, j'ai embauché ma sœur cadette, Myriam, qui s'est investie corps et âme dans sa tâche. Grâce à elle, le chiffre d'affaires a doublé !* » se réjouit-elle. Aujourd'hui à la tête d'une entreprise de trente-cinq personnes, dégageant plus de 700 000 euros de chiffres d'affaires, avec une trésorerie saine, Raghia ne compte pas ses heures. Elle savoure cependant un sentiment de liberté immense et ne pourrait plus travailler pour un patron. Elle a déployé des mesures souvent propres aux grandes entreprises, mais rares dans son secteur d'activité, dont des entretiens annuels avec objectifs, un repas annuel, une carte postale envoyée à chaque anniversaire, des bons pour des massages, etc.

Aidax est particulièrement bien considérée par les élus locaux. En effet, non seulement Raghia crée des emplois non délocalisables, mais en plus elle répond aux véritables préoccupations sociales et sociétales des administrés, avec une vraie gentillesse et un souci de qualité, son *credo*. Rien d'étonnant alors à ce que son agence ait été choisie par Pôle emploi pour que le premier contrat de génération y soit signé en présence du Président

1. Revenu de Solidarité Active.

de la République, François Hollande. Grisée par le succès, Raghia maintient une volonté toujours farouche de progresser. Ne baissant pas les bras, elle prépare une validation des acquis de l'expérience (VAE) afin de se voir octroyer un BTS en management. Elle songe aussi à mettre à profit ses compétences et son expérience en formant les professionnels du secteur. Cette ambitieuse, libre et déterminée, qui n'a pas peur de prendre des risques, a encore de beaux projets en devenir.

L'ambition vue par… Raghia

L'ambition naît dans l'éducation, vient de l'enfance. Pour les filles, elle ne peut se manifester qu'en l'absence de stéréotypes. L'histoire familiale et la perception de la place des femmes dans le foyer par l'enfant comptent beaucoup aussi. Sans oublier la probabilité d'une envie de revanche sociale. L'ambition peut venir de cette nécessité de s'en sortir, de se débrouiller, qui force à prendre des risques et à se dire que si l'on travaille et si l'on prend des décisions au bon moment, rien n'est impossible. Enfin, l'ambition est encouragée par les bonnes rencontres qui stimulent ou inspirent.

Ses conseils

- Croyez en votre projet (surtout quand il s'agit de création de d'entreprise).
- Soyez passionnée, motivée et sincère.
- Restez intègre, conservez vos valeurs, quitte à changer de trajectoire pour réussir.
- Prenez des risques pour avancer.
- Changez quand vous commencez à vous ennuyer. L'ennui est source de régression et de baisse de productivité.

« L'ambitieux avance toujours »

Membre du Women's Forum[1], Sandrine Thiéfine, quarante-sept ans, est présidente et associée du Groupe Roc-Eclerc, spécialiste des pompes funèbres. Elle a été décorée de la Croix de la Légion d'honneur en juin 2014.

J'ai connu Sandrine Thiéfine il y a quelques années dans le cadre de réunions de travail entre son entreprise et la mienne. Un jour où nous avons échangé sur son rôle de présidente du Groupe Roc-Eclerc, sur ses échanges avec les actionnaires financiers, les LBO (Leveraged-Buy Out), et autres fonds d'investissements, j'ai appris qu'elle n'avait pour tout diplôme qu'un CAP de comptabilité. Sa place au sein de la liste de ces femmes associées à ce projet d'écriture m'a alors parue évidente.

L'interview qu'elle m'a accordée s'est déroulée dans ses bureaux près de Paris. Alors que son assistante m'accompagnait pour la rencontrer, je suis tombée sur Sandrine en pleine séance photo dans le hall d'entrée de son entreprise. Elle se tenait droite et appelait le photographe par son prénom. Il s'agissait de clichés pour la couverture du journal d'une banque. Soucieuse de contrôler son image, Sandrine tenait absolument à ce que ce soit le photographe avec qui elle a l'habitude de travailler qui réalise les photos.

Une ambition assumée

Quand j'ai demandé à Sandrine Thiéfine ce que l'ambition évoquait pour elle, elle est restée un moment sans voix : « *Ce n'est pas une question que l'on se pose tous les jours. Pour moi, l'ambition, c'est réussir, ou plutôt avoir envie de réussir, monter dans l'ascenseur social, devenir un leader, et bien gagner sa vie. L'ambition, c'est également croire en son projet, et une fois que ce dernier ou la première étape est franchi, c'est aspirer à un autre, et ainsi de suite. L'ambitieux avance toujours. Je ne vois pas de différence avec l'ambition féminine, qui est strictement la même chose, avec un aspect supplémentaire : la volonté de prouver que l'on est à sa place, surtout dans ce monde d'hommes, et en particulier dans mon secteur d'activité, le funéraire. Je dois prouver mes compétences à mes équipes, à mes clients, aux partenaires financiers, et travailler toujours davantage pour rester performante.* »

---

1. Women's Forum for the Economy and Society est une organisation internationale née en 2005. Son but : renforcer la mixité hommes-femmes et la représentativité des femmes dans les organes de pouvoir de la société (source : Wikipédia).

Sandrine n'a pas vraiment rencontré de femmes l'ayant inspirée tout au long de son parcours professionnel. Elle a même ignoré les univers des réseaux féminins jusqu'en 2009, date à laquelle elle a pris la direction générale, puis la présidence du Groupe Roc-Eclerc. « *J'avais alors, chose que je regrette aujourd'hui, un côté misogyne, et beaucoup de stéréotypes en tête,* avoue-t-elle. *C'est en m'inscrivant au Women's Forum que j'ai eu l'occasion de rencontrer des femmes plus brillantes les unes que les autres, des créatrices d'entreprise que j'admire plus que tout quand elles lancent des start-up innovantes, des femmes politiques et dirigeantes de tous pays ! Par exemple, l'ancienne ministre de l'Économie et actuelle directrice du FMI (Fonds Monétaire International), Christine Lagarde, renvoie une image de dirigeante que je trouve valorisante pour les femmes : elle a beaucoup de charisme et de l'allure, est élégante et maîtrise les codes du pouvoir. D'ailleurs, elle n'est pas perçue comme une femme ou un homme, mais comme un leader. Parallèlement, j'ai découvert lors du Women's Forum la solitude de la dirigeante et la nécessité de sortir de sa bulle. Cela a été pour moi une révélation et j'ai pris conscience de l'importance de l'entraide, du partage avec ses pairs.* »

Tout au long de sa vie professionnelle, Sandrine a croisé le chemin d'hommes qui ont joué un rôle de mentor et lui ont apporté de l'inspiration, comme celui qui l'a recrutée chez PFG (Pompes Funèbres Générales), ou celui qui l'a appelée à ses côtés pour développer le réseau Roc-Eclerc et lui a fait une passation exemplaire de toutes ses connaissances, comme un flambeau, au moment de son départ à la retraite, ou encore le président du fonds d'investissement qui l'a placée aux commandes du Groupe Roc-Eclerc en 2010. « *J'assume complètement mon ambition, qui n'est pas apparue immédiatement dans mon parcours professionnel, probablement parce que mon cursus scolaire initial ne me l'autorisait pas. Cette ambition était probablement latente. Je savoure aujourd'hui ma position, qui me permet de décider, de susciter un certain respect. Je souris en constatant que je suis devenue quelqu'un d'important dans le regard de ceux qui me croisent. Je le cultive dans ma démarche, mon discours, mes vêtements. Quand je quitte mon domicile le matin, vêtue de façon stricte et impeccable, et monte dans ma voiture imposante, j'endosse le rôle de la chef d'entreprise* », dit-elle en souriant.

Sandrine se définit comme une femme de résultats qui ne perd pas son temps dans des discussions superflues : « *Je ne suis pas là pour être empathique, même si je souhaite préserver une bonne ambiance générale. Je vouvoie tout le monde dans l'entreprise et inversement. C'est mon style de management et de leadership. Je garde aussi en mémoire tous ceux qui m'ont épaulée. Mon ambition ne semble pas déranger. Au contraire, j'ai reçu des signes de reconnaissance et des témoignages de sympathie à chaque fois que j'ai franchi une étape me permettant d'asseoir mon rôle de dirigeante. Je suis arrivée à ce poste par la force du poignet, sans avoir grillé les étapes, presque naturellement. J'aime le pouvoir, diriger, prendre des décisions et être suivie, soumettre mes idées, trancher, et conduire cette entreprise. Cela étant dit, on va vite seule, mais on va loin en équipe. Si avoir le pouvoir est dur, il est aussi agréable. Une chose est sûre : après avoir été dirigeante, je ne pourrai jamais reprendre un poste d'opérationnelle salariée, encore moins dans ce secteur d'activité !* »

Une visibilité accrue

Sandrine a grandi jusqu'à ses huit ans dans un appartement d'une petite ville du Val-de-Marne, entourée d'une mère au foyer et d'un père employé de bureau. Un jour, ses parents ont décidé d'ouvrir un restaurant dans un village de Seine-et-Marne. « *J'ai reçu une éducation plutôt stricte : on respectait les horaires, les normes et les règles, on ne parlait pas à table*, raconte-t-elle. *Mon père était assez autoritaire et ma mère se chargeait de toutes les tâches domestiques. J'aimais déjà les beaux objets et je rêvais de pouvoir me les offrir un jour ! L'année de mes onze ans, mes parents se sont séparés et ma mère nous a donc élevées seule. Parfois livrées à nous-mêmes, nous avons dû nous débrouiller. Ma mère consacrait son temps disponible, en priorité et ce n'est pas un reproche, à ma jeune sœur handicapée.* »

Les résultats scolaires de Sandrine étaient moyens. « *Par défaut, j'ai été orientée vers un CAP de comptabilité*, précise-t-elle. *J'étais trop jeune pour savoir ce que je voulais faire. En fait, cela s'est avéré une bonne surprise, j'étais intéressée par la maîtrise des chiffres, des bilans et des comptes fournisseurs ! À dix-sept ans, mon CAP en poche, j'ai dû chercher du travail. Mon premier CDD m'a conduite dans une banque mutualiste en tant qu'aide administrative. Je ne rêvais pas encore à un autre avenir… J'ai enchaîné avec un autre poste à la Banque du Koweït, puis dans une société de services en tant qu'aide-comptable. Au bout de trois ans, l'entreprise ayant cessé son activité, j'ai répondu à une annonce d'une société de services qui cherchait une comptable. En fait, c'était une entreprise de pompes funèbres… Il fallait que cela tombe sur moi ! J'ai remplacé une personne en congé maternité, qui n'est finalement jamais revenue.* »

Passée d'aide-comptable à comptable, puis chef de groupe, Sandrine s'est rapidement rendu compte qu'elle aspirait à davantage que gérer des comptes fournisseurs toute sa vie. Heureusement, son entreprise proposait des formations à ses salariés : « *C'est ainsi que j'ai été initiée à l'audit, puis affectée à des missions d'audit interne au sein de la Direction Île-de-France. Toutes ces évolutions se sont faites presque naturellement, sans que j'en fasse réellement la demande. J'ai gravi les échelons instinctivement, sans état d'âme. Puis ma nomination à la direction financière du groupe m'a révélé que je pouvais et voulais faire autre chose. Je me déplaçais beaucoup sur le terrain, je rencontrais des responsables d'agences, je pouvais analyser, échanger, observer, sortant ainsi de mon cloisonnement initial. Mes collègues étaient en général des hommes, souvent diplômés de grandes écoles, alors que non seulement j'étais une femme, mais en plus quasi autodidacte, avec un CAP pour tout diplôme… Cependant, nous étions jugés aux résultats, et j'en avais ! C'était tout ce qui comptait.* »

À partir de là, la visibilité de Sandrine a crû dans l'entreprise, le directeur des acquisitions la prenant sous son aile. Elle savait comment analyser les entreprises qu'il convenait de racheter et savourait la dimension stratégique de ce nouveau poste de contrôleur financier. « *Là encore, mes collègues avaient un haut niveau. Notre rémunération différait, même si nous n'exercions pas la même activité. C'était injuste et frustrant ! J'ai essayé de me démarquer en obtenant des résultats efficacement et rapidement. Fin 1999, j'ai pris en charge la gestion des appels d'offres à la direction des crématoriums, côtoyant ainsi les administrations et les collectivités locales, un nouvel apprentissage. Puis quand mon responsable hiérarchique est parti, j'ai fait un bilan de compétence pour y voir plus clair.* » Sandrine souhaitait exercer des responsabilités commerciales. Or aucune femme n'occupait encore cette fonction au sein du Groupe. En réponse à sa demande, on lui a proposé un poste de… directeur de magasin ! « *Je l'ai vécu comme un affront et décidé de quitter cette entreprise, que pourtant j'aimais beaucoup, pour une PME à l'esprit plus entrepreneurial, où j'ai exercé ces responsabilités de direction*, se rappelle-t-elle. *Moi qui avais jusque-là évolué dans un univers professionnel plutôt masculin, acquérant des réflexes masculins, pétrie de stéréotypes sur le travail avec les femmes, je me suis rendu compte qu'au contraire, il pouvait y avoir, outre la compétence féminine, de vraies solidarités entre les femmes. Je prenais beaucoup de plaisir à diriger, manager, et faire du commerce, recevant aussi des familles. J'ai ainsi découvert tout le côté émotionnel de ce métier.* »

Actrice de son ascension

Pendant cette période, Sandrine a découvert que sa réussite pouvait susciter de l'hostilité. L'ascension professionnelle n'est pas un long fleuve tranquille ! Cependant, l'expérience professionnelle acquise lui a servi de tremplin, lui permettant de bénéficier d'une expérience de terrain inégalable. « *En 2005, j'ai appris que l'ancien président du Groupe Roc-Eclerc, que je connaissais, voulait me confier la direction commerciale de ce nouveau groupe ! Même si on m'a conseillé de ne pas y aller, j'ai accepté de relever ce défi. En sept ans, je suis passée de deux cent cinquante à près de cinq cents magasins ! Pour cela, j'ai arpenté les routes de France en permanence pour tisser des liens de confiance sur le terrain. En 2008, quand on m'a proposé de devenir directrice générale adjointe en charge des opérations, j'ai impulsé la création d'une centrale d'achats. L'année suivante, le fonds d'investisse-*

ment m'a proposé de prendre la succession du directeur général », se réjouit-elle. En 2010, le président de ce fonds lui a témoigné de nouveau sa confiance, lui proposant de devenir présidente du Groupe : « *Je me souviens avec émotion de tous les témoignages de sympathie reçus suite à ma nomination. Depuis 2012, les actionnaires principaux ont changé. J'ai dû m'habituer à une autre façon de travailler, mais j'y étais préparée. Je suis actionnaire du capital, comme je le souhaitais, pour l'ensemble du comité de direction. J'apprécie ce travail d'équipe et cette ambiance, même si nos liens restent uniquement professionnels. Je ne me livre absolument pas sur ma vie privée.* »

En 2010, Sandrine s'est inscrite au Women's Forum. Comme si elle, réputée pour « diriger comme un homme » et portant un regard condescendant sur les femmes, recherchait soudain un élan de solidarité et de partage avec elles. « *Je suis revenue enthousiasmée de ma première manifestation*, confie-t-elle. *À quarante-cinq ans, j'ai découvert qu'il pouvait y avoir des femmes aussi brillantes que les hommes dans les affaires et la vie politique, économique ou culturelle. Je ne manquerais dorénavant pour rien au monde ce rendez-vous annuel ! J'ai pris aussi conscience de l'importance des réseaux, notamment féminins, qui permettent d'échanger et de se serrer les coudes. En 2012, j'ai pris part en tant que copilote au Rallye Aïcha des Gazelles, que j'ai fait sponsoriser par mon entreprise. J'en suis revenue métamorphosée, selon mes impressions et les dires de mon entourage. J'ai découvert, comme nulle part ailleurs, l'entraide, la solidarité, et l'émulation pour aller collectivement au bout de soi-même.* » La même année, Sandrine a intégré le prestigieux dictionnaire biographique *Who's Who* !

Vraiment actrice de son ascension, Sandrine a pris conscience de l'importance de l'image pour asseoir sa légitimité depuis longtemps. Le look et les codes liés à une fonction contribuent fortement non seulement à asseoir un rôle, mais aussi aux réactions que cela peut générer : « *Mon allure de femme d'affaires est donc travaillée : je porte des ensembles pantalon chics ou des tailleurs, des chaussures soignées et élégantes. Je veille à ce que ma coiffure soit impeccable, je me tiens droite et ma démarche est assurée. J'ai compris l'importance de la réputation, et notamment celle que l'on se fait sur Internet, aussi je relis tout qui est écrit sur moi ; je choisis toutes les photos qui sont publiées et exige parfois que ce soit mon propre photographe qui intervienne ! C'est important pour mon image, mais également pour celle du groupe que je préside.* »

En regardant le chemin parcouru, Sandrine s'avoue fière. Elle apprécie l'aisance dans laquelle elle peut se permettre de vivre, elle qui aime tant les belles choses et se disait pendant son enfance qu'il n'y avait pas de raison qu'elle ne les possède pas un jour... « *Je suis très heureuse que mes sœurs et ma mère soient fières de mon parcours. Quant à l'avenir, je l'envisage avec des ambitions européennes pour mon groupe. Je voudrais aussi devenir administratrice dans d'autres entreprises, à condition que ce ne soit pas uniquement pour remplir des quotas ! »*

L'ambition vue par… Sandrine

L'ambition vient aux filles par le biais du caractère, l'envie de vivre dans de bonnes conditions, voire dans l'opulence, donc en se donnant les moyens d'y arriver. Pour elle, l'ambition trouve ses racines dans un terreau favorable, qui pousse à se débrouiller dans la vie et qui donc force à une certaine audace. L'ambition féminine naît aussi de la confiance de l'entourage familial et professionnel, qui donne une certaine assurance et autorise à croire que tout devient possible. Sans oublier l'envie d'être fière de soi et de provoquer la fierté des membres de sa famille : cela pousse à aller plus loin, plus haut. Les facteurs clés de réussite ? Le travail bien sûr, la connaissance de son secteur d'activité et surtout la rencontre des bonnes personnes au bon moment.

Ses conseils

- Ne lâchez rien et sachez convaincre.
- Prenez des risques.
- Avancez dans le bon sens à un rythme soutenu.

« L'ambitieux est en permanence insatisfait »

Directrice commerciale et marketing de la RATP, Patricia Delon a fondé et est déléguée de l'association d'alumni ESCP[1] au féminin. À quarante-neuf ans, elle est membre du bureau de GEF (Grande Écoles au Féminin) et chevalier de l'Ordre du Mérite.

J'ai rencontré Patricia Delon pendant des vacances en 1988 et ne l'ai plus revue avant… début 2012, dans un contexte cette fois professionnel. Pour elle, l'ambition est forcément corrélée à une posture de pouvoir, celui d'agir, mais pas nécessairement de dominer, ni exclusivement en lien avec l'entreprise. L'ambition est associée au libre choix, à l'autonomie ; c'est également vouloir imprimer sa marque, peser, influencer : « *Le plus important n'est pas l'atteinte de l'objectif, mais le mouvement : c'est avoir identifié son désir et tout faire pour se rapprocher de la finalité, puis réinventer un objectif plus lointain une fois le plaisir éphémère du résultat éprouvé. L'ambitieux ou l'ambitieuse est toujours sur la route, jamais rassasié ni arrivé. C'est un insatisfait permanent ! Attention : pour moi, l'ambition féminine n'existe pas. Les hormones ne confèrent pas une attitude ou des compétences particulières, ne justifient pas de penser ou d'avoir des ambitions différentes. Qu'il soit homme ou femme, un individu se détermine davantage par son histoire que par la biologie.* »

Pouvoir d'influence

Patricia se définit comme ayant été atteinte du syndrome des « *wonder women* », ces femmes de la fin des années 1980 qui voulaient tout et surtout être parfaites en tout. « *Bien sûr, il faut accepter de lâcher prise dans certains domaines. On ne peut pas tout le temps être la mère, l'épouse, et l'*executive woman *parfaite ! Je suis ambitieuse et le revendique. J'ai toujours faim et veux toujours plus. L'argent n'est cependant pas mon moteur, ni le salaire un critère de réussite. Ce que je veux, c'est accroître mon influence. Je voudrais changer le monde et qu'on s'en souvienne, laisser des traces…* » avoue-t-elle. Son ambition et sa soif de liberté ne la conduiraient cependant pas à créer sa propre structure, puisque son moteur n'est pas l'absence de « patron », mais la détention d'un pouvoir

1. École Supérieure de Commerce de Paris.

d'influence au sein des sphères de décision. Influencer en coulisses, dans l'ombre, ne l'intéresserait pas non plus : « *J'ai besoin d'être en prise, de mener les projets auxquels je crois, quel que soit leur niveau de réussite. D'ailleurs, je n'envisage jamais l'échec, c'est là l'une de mes grandes forces. Lorsque les choses ne se passent pas comme je l'entends, je trouve des chemins différents, voire sinueux, pour atteindre mon but. Je dépense tellement d'énergie que personne ne doute de moi. On perçoit mon besoin viscéral d'y arriver.* » Patricia emporte donc les autres dans son sillage, car c'est un leader.

Comme tout le monde, elle est pétrie de doutes, mais sait au fond d'elle qu'elle ne peut échouer. Patricia ne parle jamais de ses questionnements, mais plutôt de ses milliers d'idées et de celles qu'elle fait naître chez les autres. C'est cette confiance en elle qui renforce celle des autres en eux. « *Naturellement, la solution ne vient pas en permanence de moi*, reconnaît-elle. *Je pousse les autres à chercher des alternatives, en leur posant beaucoup de questions : comment pourrait-on faire ? Quelles sont les autres façons d'envisager la situation ? J'emploie souvent la métaphore suivante : si le mammouth que je veux manger est trop gros, je coupe des tranches ; et si la tranche est encore trop grosse, je coupe de plus petites tranches, et ainsi de suite. Mon ambition a sans doute gêné des personnes. C'est vrai, je suis un ogre. En plus, je m'agite beaucoup, je parle et je ris fort. Certains me trouvent certainement arrogante et détestable, d'autres sympa, mais ce n'est pas ce qui m'importe. Bien sûr, je suis grisée quand on me félicite après une intervention en public et qu'on me sollicite pour une autre ! J'ai pris conscience de la manière de dire les choses, de ma force de conviction, au-delà même des mots, pour faire adhérer mes interlocuteurs à mes propositions.* »

Patricia a énormément de mal à limiter ses sujets d'intérêt, à tel point qu'elle se demande comment elle a pu passer ses examens lors de ses études. Elle a besoin de traiter plusieurs dossiers en parallèle, passant de l'un à l'autre, pour chasser la monotonie. « *Je suis une cérébrale. Les rares moments où je repose mon esprit ont pendant un temps été consacrés au sport pour lequel j'ai pourtant une certaine aversion. Là encore, ne pouvant faire les choses à moitié, j'ai avalé des kilomètres jusqu'au moment où j'en ai eu assez. Depuis quelque temps, je me repose l'esprit avec une activité manuelle : la réfection de fauteuils* », dit-elle en souriant.

L'école, voie de la réussite sociale

D'où vient cette forte ambition ? Patricia a des origines familiales très modestes, campagnardes et pauvres. « *Mes grands-mères, paternelle comme maternelle, m'ont marquée par leur intelligence*, explique-t-elle. *Comme il n'y avait pas d'argent à la maison, mes parents auraient dû arrêter leur scolarité après l'obtention du certificat d'étude.*

Heureusement, des instituteurs bienveillants avaient repéré ces élèves doués. Grâce à une bourse, ils ont pu aller à l'université et poursuivre des études de langue. Je salue les bienfaits de cette école laïque et républicaine, qui a permis à mes parents de devenir professeurs ! Pour ma part, j'ai vite compris ce qu'on attendait de moi à l'école, que c'était un moyen de s'en sortir. Je passais mes dimanches à la campagne et voyais bien l'extrême dénuement de mes grands-parents. Je détestais cet univers, je ne voulais surtout pas de ce destin, fait de privations diverses. C'est également à cette époque que j'ai pris conscience des différences entre les garçons et les filles. Un jour où je m'amusais à découper une poupée, une personne, étonnée, m'a demandé ce que je faisais. "Je l'opère, je veux être chirurgien quand je serai grande !" *Quelle injustice j'ai ressenti quand j'ai entendu cette personne me répondre que ce n'était pas un métier de fille !* »

Très tôt, Patricia a pris goût à la lecture et à la rhétorique. Ses parents les encourageaient, elle et sa sœur cadette, aux joutes verbales : « *Ils me poussaient dans mes retranchements, me demandant si j'étais sûre d'employer le mot juste. Nous avons eu beaucoup de débats animés en famille qui m'ont construite et ont développé mon esprit critique, mon sens du verbe et de l'audace. J'étais une petite fille plutôt solitaire, qui passait son temps à lire. Je me sentais en décalage avec les enfants de mon âge. Mais déjà, je ne supportais ni la frustration, ni la contrainte. J'avais compris que l'école serait mon salut, l'unique voie de la réussite sociale.* » Heureusement, c'était une élève brillante, qui avait compris comment obtenir de bonnes notes. Pourtant, Patricia se montrait indisciplinée et parfois révoltée. « *J'étais souvent mise à la porte, car j'intervenais en cours parfois. Certains enseignants me trouvaient insupportable et agaçante, mais ils n'avaient d'autre choix que de me donner d'excellentes notes* », s'amuse-t-elle.

En classe de seconde, Patricia s'est interrogée sur son futur métier. L'enseignement ne l'intéressait pas vraiment. Munie de ses excellents bulletins scolaires, elle a rencontré la conseillère d'orientation, persuadée qu'avec ce Graal, beaucoup de voies lui seraient ouvertes : « *Quelle déception lorsque la conseillère m'a parlé d'études d'infirmière ou du cursus pour devenir assistante sociale ! Je n'avais rien contre ces professions, mais je m'imaginais conquérir le monde différemment...* » Une fois le bac scientifique en poche, elle a choisi une classe préparatoire HEC. Les chances n'étaient néanmoins pas les mêmes pour les garçons et les filles : alors que son lycée de Toulouse proposait l'internat aux garçons pour qu'ils puissent étudier dans des conditions optimales, les filles n'avaient d'autre solution que de trouver une petite chambre ! « *J'ai intégré l'ESCP et ai déménagé, à mon grand bonheur, à Paris. Aujourd'hui, compte tenu de mon attirance pour la haute administration, je me dis que j'aurais dû faire Sciences Po, puis l'ENA... Mais je ne connaissais pas cette filière et personne ne m'en avait parlé. Très séduite par le marketing, j'ai rejoint à l'issue de mes études un lessivier, en tant que chef de produit junior. Je m'amusais tout en répondant parfaitement aux exigences du poste* », se souvient-elle.

Un jour, alors qu'elle venait de faire des prévisions de ventes pour une marque de savon, un directeur d'usine l'a appelée : « *Si l'entreprise suit vos chiffres, ce sont des femmes sans qualification, qui travaillent sur ces chaînes de production depuis des années, que vous allez priver d'emploi. N'avez-vous aucun moyen de relancer les ventes de ce savon ?* » Ce fut une douche froide. « *J'ai compris que la petite chef de produit débutante qui sortait de son école de commerce parisienne ne pouvait pas faire n'importe quoi sans réfléchir aux conséquences de ses tableaux, de ses flèches, de ses prévisions. Il ne s'agissait pas de décrocher une bonne note sur un beau dossier bien écrit, mais de comprendre et d'assumer les conséquences de tout cela. J'avais des responsabilités et cette conscience ne m'a plus jamais quittée* », reconnaît Patricia.

Une ambition nouvelle

Une fois mariée, elle n'a pas changé de nom, car cela lui semblait totalement incongru, n'ayant pas modifié son identité... « *Nous avons eu une fille, puis j'ai accompagné mon époux à Singapour pour son travail*, explique-t-elle. *J'ai donc été femme au foyer pendant deux ans. Cette vie ne m'a pas du tout plu ! Ma fille sous le bras, je suis rentrée en France, et mon mari nous a rapidement rejointes. J'ai alors repris la vie professionnelle. D'abord chef de produit chez Dior, j'ai intégré le service marketing de la Française des Jeux, devenant responsable du marketing des jeux de tirage. Je suis à l'origine de l'Euro Millions. Je voulais lancer un jeu européen, mais personne n'y croyait. J'ai minoré mes ambitions sans renoncer complètement, et après plusieurs années de bataille, le jeu tel qu'on le connaît aujourd'hui est né !* » De même, Patricia est à l'origine de la campagne de publicité du Loto qui a tant marqué les esprits : « Au revoir, Président. »

Sa progression de carrière a été marquée par la discrimination : bien qu'elle ait eu toutes les compétences nécessaires et d'excellentes évaluations pour décrocher un poste en comité de direction, elle n'a pas eu le poste. Cet incident l'a motivée à quitter l'entreprise. « *J'ai travaillé ensuite un peu plus d'un an à la direction commerciale et marketing de Club Internet, racheté par Neuf Telecom, avant que l'entreprise ne rejoigne le giron de SFR. J'avais intégré le comité de direction, mais en raison du rachat, l'aventure s'est terminée. Les conditions du départ m'ont permis de pouvoir prendre du temps pour réfléchir, m'occuper de mon foyer et profiter de ma fille et de mon fils. Mon projet professionnel occupait aussi mon esprit : de quoi avais-je envie ?* » poursuit-elle.

Patricia a profité de cette période d'inactivité professionnelle pour s'investir dans les réseaux féminins, notamment ESCP au féminin, qu'elle a créé et dont elle est déléguée, et au sein du bureau de GEF (Grandes Écoles au Féminin). Cette entité réunit les réseaux féminins des dix plus grandes écoles d'ingénieurs et de commerce françaises. Elle a également aidé Fédération Pionnières, réseau fondé par Frédérique Clavel (lire page 101). « *Je ne voulais pas recommencer la même chose, relancer un énième shampoing, refaire une nouvelle campagne de publicité*, avoue-t-elle. *Pour la première fois ou presque après vingt ans de carrière, j'étais perplexe quant à mon avenir professionnel. Côtoyer des femmes brillantes au sein des réseaux féminins notamment, m'a néanmoins redonné l'envie et l'énergie de continuer. Est alors née en moi une ambition nouvelle, celle de devenir dirigeante, d'être reconnue comme telle, et d'exercer mon influence. Je voulais en outre travailler dans un secteur d'intérêt collectif, une entreprise répondant aux besoins fondamentaux des gens. Je me suis tournée vers les transports et l'énergie, où les entreprises, souvent publiques, sont en profonde mutation.* »

Patricia a alors décroché un poste de directrice commerciale et marketing à la RATP, correspondant tout à fait à ses aspirations : au sein d'un comité de direction, elle pouvait exprimer ses talents de marketeuse et de négociatrice en prise directe avec le président, au sein d'une entreprise qui évolue, toujours au service des usagers. « *Ma mission m'octroie une grande liberté d'action et d'expression. Je peux défendre mes idées dans des sphères voisines, dont je ne connaissais pas l'existence il y a encore quelques années. Je me sens comme un enfant dans un magasin de jouets ! Je reste cependant très investie dans la promotion de la carrière des femmes* », affirme-t-elle. Avec des étoiles dans les yeux, elle évoque son intervention à une table ronde à l'ENA sur la carrière des femmes : « *Quelle satisfaction de voir que mes idées et propositions ont trouvé un écho chez ceux qui ont un peu de pouvoir pour faire bouger la société ! C'est en effet désormais ce dont j'ai envie. Je voudrais rester dans la sphère publique ou parapublique, pour avoir les moyens de faire évoluer les choses et d'influencer la vie des gens, même si la politique en haut lieu ne m'intéresse pas.* »

À l'aube de la cinquantaine, Patricia est en paix avec elle-même. Elle a cessé d'être une *wonder woman* : « *J'ai déjà déserté un comité de direction alors que je faisais une présentation lorsque le collège de mon fils m'a appelée en urgence, car il s'était blessé. Je suis désormais sûre de mon* leadership, *car je sais m'entourer de compétences supérieures aux miennes, sachant que je ne doute à aucun moment de mon talent ni de ma force qui me permettent d'atteindre mes objectifs. Mon ambition ne m'a jamais quittée.* » Lorsqu'elle a été nommée chevalier de l'Ordre national du Mérite en 2012, son discours, écrit par ses soins pour l'occasion, était fortement tourné vers l'ascension, voire la revanche sociale, et la place des femmes dans la société. À un point qui l'a elle-même étonnée quand elle l'a relu, quelque temps après…

L'ambition vue par… Patricia

Quel que soit le sexe de l'enfant, les garçons comme les filles ont besoin d'un regard valorisant et de félicitations pour gagner en confiance et faire émerger leur ambition. Ces encouragements proviennent des parents, puis des professeurs, et encore plus tard des personnes que l'enfant admire. Cela s'est avéré un réel accélérateur pour Patricia. L'ambition vient également de la liberté d'expression donnée pendant l'enfance, ainsi que du niveau de confiance en soi, des petits succès engrangés, comme ceux procurés par les franchissements d'étapes, et qui donnent envie de se dépasser. Sans oublier l'environnement socioculturel : même si l'ambition peut naître aussi au sein de milieux défavorisés, il est plus facile de l'encourager lorsque l'entourage familial est exigeant et lui-même ambitieux. C'est là que l'école et les associations doivent jouer leur rôle et compenser ce que le milieu familial ne peut pas toujours transmettre.

Ses conseils

- Sachez dire et faire connaître vos ambitions : ayez une idée très claire de ce que vous voulez, formulez-le sans ambiguïté et naturellement.
- Trouvez des alliés pour soutenir et aider cette ambition.
- Soyez pragmatique : si ça ne marche pas, adaptez votre objectif à ce qui est possible. Identifiez des étapes intermédiaires.
- Encaissez les échecs, faites face, admettez-les et dépassez-les : échouer de temps en temps n'est pas si grave.
- Croyez-y ! Et dédramatisez.
- Prenez du plaisir.

« L'ambition, c'est se projeter dans l'avenir »

Infirmière libérale, Christine Doumergue, cinquante ans, a fondé et dirige une école de danse, où elle enseigne. Parallèlement, elle a cofondé et est la directrice artistique d'une troupe de spectacle.

J'ai rencontré Christine Doumergue en 1998, en assistant à un spectacle de sa troupe, Tous en Scène. La détermination et l'exigence avec lesquelles elle préparait les représentations réglées au millimètre près m'ont beaucoup impressionnée. Rien n'était laissé au hasard : lumière, costumes, le moindre petit détail, etc. Comment ce petit bout de femme arrivait-il à diriger une vingtaine d'adultes participant à des dîners-spectacles, ou cent vingt danseurs pour des tableaux à couper le souffle ? Quand j'ai sollicité Christine pour participer à cet ouvrage sur l'ambition féminine, elle s'est d'abord étonnée : « *Je ne suis pas ambitieuse... Rien n'est complètement tracé dans ma vie, ma situation professionnelle n'a rien d'impressionnant !* » Au fil de l'entretien, elle a fini par reconnaître que son ambition non avouée s'incarnait dans sa soif de liberté, de chemins non tracés et d'envie d'apporter sa touche personnelle.

Dépasser les stéréotypes

Pour Christine, « *l'ambition, c'est réaliser ses rêves, en s'en donnant les moyens, plutôt dans la sphère professionnelle. C'est souvent dépasser sa condition sociale, notamment lorsque l'on n'est pas issu d'un milieu privilégié. Loin de se contenter de ce qu'il a, l'ambitieux aspire à toujours plus ! C'est un éternel insatisfait qui vit en se projetant en permanence. En cela, c'est vrai, je suis ambitieuse. Peut-être cela vient-il de la rigueur et de l'exigence inculquées par la danse à partir d'un certain niveau : on pousse toujours plus loin ses limites, celles de son corps* ». *Quid* de l'ambition féminine ? « *C'est comme celle des garçons*, affirme-t-elle. *C'est aussi l'envie d'être fière de soi et de son travail, non seulement de se dépasser, mais également d'aller au-delà des stéréotypes et des préjugés, au-delà des freins, par exemple physiques ou véhiculés par la famille et le conjoint. C'est également faire en sorte que les parents, les enfants et l'entourage soient fiers de celle qu'on est devenue et de ce que l'on fait.* »

Les parents de Christine, travailleurs et courageux, n'ont pas suivi de longues études. Après le certificat d'études, sa maman est devenue laborantine, avant de s'arrêter de travailler à la naissance de Christine ; son père est menuisier à son compte. « *Nous étions cinq enfants, avec un écart significatif entre les deux aînées, puis les jumeaux (frère et sœur), et enfin le benjamin. Je me différenciais un peu des autres pour plusieurs raisons : plutôt mince, j'avais les cheveux frisés et apprenais très facilement à l'école, sans me forcer. Pour expliquer mon caractère un peu rebelle à l'autorité parentale, on me disait que je ressemblais à cette grand-mère maternelle charismatique au tempérament affirmé* », se rappelle-t-elle. Dans sa famille, les grandes s'occupaient souvent des petits, et l'attention des parents était partagée. Christine aimait beaucoup accompagner sa mère à la crèche où celle-ci laissait les « petits » pour souffler un peu. « *Je voulais moi aussi soigner les enfants et devenir puéricultrice*, poursuit-elle. *Je jouais avec mes gros baigneurs, non pour me préparer à ma condition de future mère, mais pour faire travailler mon imagination en créant des univers de vie, et même des costumes pour mes poupées...* »

Le grand-père paternel de Christine, un patriarche autoritaire et charismatique, ancien résistant, a joué un rôle discret, mais néanmoins important dans la vie de celle-ci. Il avait jeté son dévolu sur cette petite-fille un peu différente et sauvage, de surcroît bonne élève : il lui offrait une grille de loto à chaque bonne note ramenée. « *Je n'étais pas peu fière d'être la préférée de celui qui, pour la famille et moi, était un grand monsieur*, confie-t-elle. *Même s'il restait dans l'ombre, il me stimulait, me donnait confiance en moi et m'encourageait. Il est décédé quand j'ai eu treize ans, au moment de la puberté, comme si inconsciemment je me devais de reprendre un flambeau.* » Le père de Christine continuait à travailler dur dans sa petite entreprise de menuiserie, avec des hauts et des bas. « *Ma mère, elle, se partageait entre la gestion de l'entreprise, l'éducation des enfants et une implication dans une association de Vélizy (Yvelines), en tant que secrétaire générale d'un club de natation. Je sentais bien que cette femme de caractère regrettait l'absence de reconnaissance sociale par un salaire ou un statut. Elle a toujours encouragé ses filles à gagner leur indépendance* », ajoute-t-elle.

Une double passion

Dès l'enfance, Christine s'est prise de passion pour la danse, qu'elle pratiquait, comme beaucoup de filles de son âge, en tant que loisir. Elle aimait plus que tout l'émotion dégagée à travers la maîtrise de cette discipline exigeante, dès lors qu'elle réussissait à dépasser la technique au profit de la création. Particulièrement douée en mathématiques, elle a suivi la voie scientifique des « bons élèves » en optant pour la section D, afin de se préparer à un métier médical. « *Aujourd'hui, je me rends compte que, comme mon fils, j'aurais aimé embrasser une carrière d'ingénieur, mais à l'époque, au début des années*

1980, ce n'était pas envisagé dans mon lycée pour les filles, regrette-t-elle. *Déjà peu nombreuses en section scientifique, nous étions orientées vers des filières formatées, voire stéréotypées : métiers avec les enfants, enseignement, assistanat... Mes parents m'ont encouragée à suivre des études, mais trois ans au maximum, en raison de leurs moyens financiers modestes. Serai-je puéricultrice ou infirmière ? C'étaient des métiers honorables alliant apprentissage et exercice d'une profession loin des bureaux. La médecine me tentait bien pourtant, d'ailleurs les professeurs m'y encourageaient vivement, mais je n'ai pas trop insisté, la durée de mes études étant comptée...* »

La petite machine bien huilée rencontre alors son premier petit accroc : un rattrapage sur une épreuve de pratique d'infirmière, que Christine avait préparée en dilettante. Cette première alerte déçoit ses parents : un vrai coup de massue : « *Je pensais que la routine m'ennuierait : devais-je choisir la voie de l'humanitaire ou de l'assistance pour réaliser des rapatriements sanitaires et prendre des risques avec des patients au bout du monde ? Alors que je terminais mes études d'infirmière, le souhait de reprendre les cours de danse de façon intensive m'a envahie. Et si je devenais danseuse professionnelle, comme dans mes rêves les plus fous ? Et si j'intégrais une troupe, comme celle de Béjart, qui me faisait tant rêver ?* » L'hôpital dans lequel elle travaillait lui a permis de bénéficier d'un programme de formation. Elle pouvait suivre ses cours de danse de façon intensive en journée, puis travaillait le soir, parfois la nuit et le week-end, pour financer ses dépenses quotidiennes, pour se loger et manger. Christine s'était en outre inscrite dans des sociétés d'intérim pour faire des extras dans des hôpitaux.

Mariée à vingt-deux ans, notre infirmière a continué à allier sa passion pour la danse et son travail. « *Mes parents ne comprenaient pas, peu de personnes en fait, pourquoi je poursuivais dans cette voie*, sourit-elle. *J'assumais complètement ma "rebelle attitude". À présent que j'étais majeure et diplômée, je voulais choisir ma destinée sans renoncer à rien, surtout pas à mes rêves. Mon mari se demandait aussi pourquoi je m'évertuais à faire tout cela, mais il n'avait pas d'autre choix que de me laisser faire. Je savais qu'il était trop tard pour que je devienne une danseuse professionnelle, mais je pouvais enseigner. J'ai obtenu le certificat d'enseignement, mais malheureusement, la réglementation avait changé. Il fallait que je passe le professorat, soit trois ans d'études de plus.* » Qu'à cela ne tienne, elle le ferait. Plus personne ne comprenait Christine, jeune maman d'un petit garçon. « *Pourtant, je me sentais libre, malgré toutes les contraintes d'emploi du temps et d'organisation que je m'imposais entre les cours de danse, mon travail d'infirmière et l'éducation du petit. Il fallait jongler, multiplier les tâches, mais j'assumais ce choix. Je ne devais rien à personne et irais jusqu'au bout. J'ai enfin obtenu mon diplôme de professeur de danse à trente ans, une quasi-senior dans ce secteur* », s'amuse-t-elle.

Naissance d'une troupe de spectacle

Christine avait donc deux métiers, un mari, et un enfant en bas âge. Elle faisait parfois des remplacements pour une infirmière libérale et se rendait compte, surtout en milieu rural, qu'il existait de vrais besoins, que le travail n'était pas routinier et plutôt rémunérateur. « *Alors que j'occupais un poste d'infirmière à l'hôpital, j'ai décidé de démissionner. Cela a provoqué un nouveau coup d'éclat à la maison : pourquoi avais-je besoin de faire cela ? Mon mari, qui travaillait à la SNCF, ne comprenait pas mon choix. Mes parents, eux, semblaient plus tolérants. Mon père étant artisan, le fait que sa fille aspire à se mettre à son compte n'était pas une révolution en soi. Ils m'ont sans doute transmis les gènes de l'entrepreneuriat !* » Parallèlement, Christine avait trouvé quelques cours de danse à donner dans sa région. Elle pouvait donc vivre de ses deux métiers, sans avoir à choisir l'un au détriment de l'autre. Ayant de plus en plus d'élèves en cours de danse, elle a décidé un jour de monter sa propre école pour façonner l'enseignement à sa manière et créer ses propres spectacles. Elle en a parlé au pharmacien d'une ville voisine qu'elle côtoyait dans le cadre de l'exercice de son métier d'infirmière. Cela tombait bien : il présidait une association qui cherchait à compléter le panel d'activités proposées !

« *Parallèlement à mon activité d'infirmière libérale, j'ai donc monté ma propre école de danse*, se réjouit Christine. *Le succès a été au rendez-vous. J'imprimais mon style dans les chorégraphies, le choix des musiques, et les costumes originaux tout droit sortis de mon imagination. Je les dessinais puis les cousais, comme quand j'étais enfant avec mes poupées ! Avec cet ami pharmacien, qui aurait rêvé être animateur d'un club de vacances et aspirait à monter sur scène, nous avons eu l'idée de monter une troupe. Grâce à l'aide et au soutien bienveillant de la trésorière de l'association, nous avons formé une troupe d'amateurs adultes, que nous avons baptisée "Tous en Scène".* »

Devenue entre-temps l'heureuse maman d'une petite fille, Christine a assumé la direction artistique de la troupe, qui a commencé à se produire dans des dîners-spectacles. De véritables fans attendaient avec impatience les représentations suivantes ainsi que les autres manifestations organisées avec Christine : par exemple des défilés de mode avec les commerçants de la bourgade. « *J'exigeais un rendu quasi professionnel pour nos animations. J'ai même commencé à proposer de véritables créations de music-hall clés en main. Je voulais saisir toutes les opportunités me permettant de m'épanouir à travers l'action et la création* », explique-t-elle. Son mariage n'y a pas résisté. Son nouveau compagnon, un entrepreneur plutôt fonceur, fier de sa réussite, a encouragé Christine, lui donnant encore plus confiance en elle.

En 1998, pour magnifier ses spectacles, la jeune femme voulait une salle plus grande, plus somptueuse, pour accueillir le public de plus en plus nombreux. Elle rêvait de tableaux d'ouverture majestueux, dignes des plus grandes scènes parisiennes, et d'histoires chorégraphiées. « *Encouragée par mon ami pharmacien, soutenue par mon compagnon qui m'insufflait l'énergie nécessaire, j'ai pris des risques, notamment financiers, pour réserver une grande salle de spectacle dans une ville de mon département à 30 km de chez moi, qui accueillait des troupes professionnelles. J'ai imaginé, crée et confectionné des costumes originaux, arpenté les marchés pour dénicher les plus beaux tissus au meilleur prix, cousu et mobilisé des couturières pour me venir en aide. Les parents d'élèves ont suivi, y compris le rythme soutenu des répétitions. Le public est venu, le bouche-à-oreille a fonctionné, et la salle de spectacle de six cents places a été remplie deux jours de suite !* » se félicite-t-elle.

Les différents dîners-spectacles qu'elle organise mobilisent aussi des responsables politiques et des notables locaux au profit d'organisations humanitaires telles que Les Restos du Cœur, Pharmaciens sans frontières, etc. « *Mon ambition ne s'arrête pas là*, nous rassure-t-elle. *Ces dernières années, j'ai élevé seule mes enfants. Je voulais qu'ils choisissent leur propre voie en se donnant les moyens d'être heureux, quel que soit leur choix. Mon fils est un brillant matheux qui a terminé major de sa promotion à l'INSA*[1] *de Rouen et de son master de finance à la faculté de cette même ville de Normandie, en juin 2013. Il a été admis à Polytechnique en master 2. Quant à ma fille, elle a obtenu la même année son bac avec mention. Je suis très fière d'eux !* »

Comment Christine envisage-t-elle la suite de son parcours ? Elle dit qu'elle va désormais prendre le temps, mais on n'y croit pas une seconde ! D'ailleurs, elle se reprend immédiatement : « *Il faut que j'apprenne la technique des massages qui permettent d'adoucir les souffrances...* » Aller investir un territoire nouveau et se remettre toujours en quête d'une nouvelle passion... tel est son *credo*.

1. Institut National des Sciences Appliquées.

8

L'ambition vue par… Christine

L'ambition est une question de tempérament et d'éducation, propice à l'émergence de la confiance en soi et de l'indépendance. Dans ce type d'éducation, la petite fille n'est pas surprotégée, mais guidée vers l'autonomie et la prise de risque. Christine constate d'ailleurs dans ses cours de danse les grandes disparités entre les petites filles qui sont stimulées par leurs parents, et celles qui sont trop couvées, voire étouffées… Cependant, cela ne s'arrête pas là ! L'ambition peut également être mue par un désir de revanche sociale, ou le souhait de rompre complètement les codes, avec parfois une impressionnante énergie vitale. Christine évoque la réactivité nécessaire face aux circonstances, aux événements, parfois aux ruptures, pour toujours rebondir et aller de l'avant. Enfin, même adulte, cette ambition peut naître, voire renaître, si la personne rencontre sur son chemin un « ange gardien », quelqu'un qui lui donne ou redonne confiance en elle pour qu'elle dépasse ses limites.

Ses conseils

- Soyez plus exigeante avec vous-même qu'avec les autres.
- Suivez la voie que vous vous êtes tracée, quoi qu'il arrive.
- N'écoutez pas ceux qui vous freinent dans vos élans ; *a fortiori*, entourez-vous de personnes elles-mêmes ambitieuses.
- Considérez les échecs ou les « insuccès » comme des épreuves nécessaires qui vous permettent de mieux avancer ensuite.
- Imposez-vous des défis plutôt que de laisser les autres vous en imposer.
- Ne comptez pas vos heures !

« L'ambition doit se mettre au service d'une grande idée »

Associée et fondatrice de l'entreprise Fincoach, Frédérique Clavel, cinquante-cinq ans, a créé et préside Fédération Pionnières, un réseau d'incubateurs accompagnant les créatrices d'entreprise. Présidente de l'APCE (Agence Pour la Création d'Entreprise) jusqu'à fin avril 2014, elle a été chef de projet en 2013 des assises de l'entrepreneuriat, sous l'égide du ministère du Redressement productif. Elle préside le Réseau ÉquiLibre de l'EM Normandie et est marraine de la promotion 2014 HEC entrepreneurs.

J'ai rencontré Frédérique Clavel en novembre 2012. Quelques jours plus tard, j'ai appris dans la presse sa nomination à la tête de l'APCE, devenant la première femme à occuper ce poste. L'ambition, pour celle qui a reçu en septembre 2013 les insignes de chevalier de la Légion d'honneur, représente quelque chose de grandiose : « *C'est l'envie de changer le monde, de laisser sa trace. C'est vouloir être acteur d'un monde meilleur, d'un changement positif. C'est se dire qu'il y a toujours quelque chose à faire. C'est l'association de l'action et du résultat. On peut parler de très grande ambition pour Mère Teresa, ou pour sœur Emmanuelle, qui voulaient toutes deux contribuer à améliorer la vie des gens avec dévotion. Il en est de même, dans un autre registre, pour Philippe Hayat, entrepreneur qui veut sensibiliser huit millions d'élèves en France à la création d'entreprise* via *son association 100 000 entrepreneurs. Pour ma part, j'ai beaucoup d'ambition pour Fédération Pionnières, afin que l'entrepreneuriat féminin se développe. J'aurai gagné lorsque le concept des Pionnières n'aura plus de sens, qu'il y aura autant d'entreprises créées par des femmes que par des hommes, avec des niveaux d'ambition comparables et les financements qui vont avec. L'ambition doit servir à défendre une grande idée pour changer le monde, sinon, c'est de l'arrivisme. Cela ne veut pas dire que l'ambitieux refuse le pouvoir, mais que c'est un moyen de parvenir à ses fins, non une fin en soi.* »

Une ambition familiale

L'ambition, c'est aussi avoir une représentation de soi positive. « *Se fixer des buts et les atteindre est un moteur, une quête de sens,* précise Frédérique. *Cela renvoie à la notion de générosité et d'engagement pour le monde qui nous entoure. En l'absence d'une certaine ambition, on a peut-être une moindre estime de soi, et ce quelle que soit son activité. Pour chaque métier, cette estime de soi, cette joie, peut être portée par des valeurs morales et éthiques très fortes, par l'ambition de bien faire son travail, à travers le sens de l'effort, l'éducation de ses enfants, ou encore un souhait éventuel d'ascension sociale.* » Pour elle, l'ambition n'a pas de sexe. Les femmes aiment le pouvoir, dans le sens de faire des grandes choses, même si elles n'en ont pas toujours conscience ou hésitent parfois à l'assumer. « *Parmi les femmes qui m'ont inspirée, je citerais sans hésitation Christine Lagarde*, ajoute-t-elle. *C'est un vrai modèle, une personnalité puissante, qui s'est impliquée sur nombre de sujets très tôt. Elle est forte, a envie de changer les choses, notamment dans le monde de l'entrepreneuriat, de la politique et du pouvoir, et d'y introduire plus de mixité. Je trouve aussi Najat Vallaud-Belkacem, ministre de l'éducation nationale, de l'enseignement supérieur, et de la recherche, impressionnante, sans oublier Fleur Pellerin, actuelle ministre de la culture et de la communication, qui garde le cap avec fermeté dans cette période de turbulences.* »

D'où vient l'ambition de Frédérique Clavel ? Sa grand-mère maternelle avait été entrepreneur dès ses quatorze ans, ayant repris la laiterie familiale en Touraine pendant la Première Guerre mondiale. « *C'est aussi l'un de mes modèles*, précise-t-elle. *Ma mère, une femme d'action et de bon sens, s'était installée en tant qu'infirmière libérale. Quant à mon père, il avait suivi des études d'ingénieur et était directeur industriel dans une grosse PME de la région parisienne. C'était un intellectuel. Très occupé la semaine, il partageait des moments privilégiés avec mes deux petits frères et moi pendant le week-end. Il s'adonnait alors à des activités plus manuelles, comme la culture de son potager et la cuisine, préparant les repas familiaux avec nous.* » Frédérique ne se rappelle aucune différence dans l'attitude parentale entre ses frères et elle. Tous étaient encouragés à passer beaucoup de temps à l'extérieur et à inviter leurs amis à la maison : « *Je ne me souviens pas avoir joué à la poupée, sauf chez des camarades de classe. Je n'étais pas peureuse ! Mes parents souhaitaient que leurs enfants puissent évoluer dans n'importe quel milieu ou univers. Aussi, ils nous ont initiés à un peu tous les sports et à la musique.* »

Frédérique a toujours été très entourée, avec une bande de copains et de copines. Plutôt bonne élève, son orientation a davantage été conditionnée par le niveau de son bulletin scolaire que par une réelle motivation pour telle ou telle filière. « *À la sortie de la seconde, il fut décidé que j'irais en section D. Je n'avais pas la moindre idée de mon futur métier, mais je savais que je voulais faire bouger les choses, sans savoir vraiment quoi, en l'absence d'engagement politique ou syndical. J'étais juste une jeune fille sportive, bien dans sa peau, qui n'aimait pas l'injustice. Une fois le baccalauréat obtenu, je me suis orientée vers une classe préparatoire privée. Mes résultats étaient plutôt médiocres, mais le directeur de l'établissement avait cru bon me rassurer en me disant que ce n'était pas grave, car je trouverais probablement un bon mari !* » ajoute-t-elle en souriant.

Grâce à la réussite des épreuves orales, en dépit d'écrits plutôt médiocres, Frédérique a intégré l'ESCAE du Havre, devenue l'EMN (École de Management de Normandie). Ces trois années de vie étudiante en école de commerce lui ont laissé de délicieux souvenirs, notamment partagés avec ses camarades de promotion, dont sa campagne (perdue) pour l'élection au Bureau des élèves. « *À l'époque, je profitais du moment présent, de tous les plaisirs de la vie. J'avais un vrai appétit de vivre, une formidable énergie. Je me suis initiée à l'entrepreneuriat en réalisant avec trois camarades le premier* Petit Futé *pour Le Havre, guide des commerces et activités de la ville. Cela a nécessité de prospecter auprès de commerçants locaux, de trouver des sponsors, puis de faire éditer le guide* », se rappelle-t-elle.

Sus à l'autorité artificielle

L'orientation professionnelle de Frédérique a été vite décidée à la sortie d'école : « *Je voulais devenir commerciale, mais pas dans les savonnettes et les détergents, en dépit de l'excellente presse des lessiviers dans les écoles de commerce. Je me suis plutôt dirigée vers la banque. J'ai démarré en tant que gestionnaire de patrimoine à la Banque Hervet. J'ai alors commencé à prendre conscience que j'avais envie de réussir en obtenant les meilleurs résultats, voire d'entrer en compétition avec mes pairs. Cependant, les départements qui avaient le vent en poupe à la banque étaient ceux qui géraient les entreprises, avec un taux de collaborateurs hommes beaucoup plus important. Je n'ai pas du tout apprécié qu'on m'y refuse une mobilité. Cela m'a ouvert les yeux sur les vraies différences de traitement entre les hommes et les femmes dans l'entreprise.* »

Elle a quitté son emploi au moment où son mari était muté en Allemagne, lui donnant l'opportunité d'être engagée au Crédit Lyonnais à Düsseldorf et de financer enfin des PME, le fameux secteur d'activité qu'elle convoitait dans sa précédente entreprise ! « *De retour à Paris, j'ai intégré à vingt-huit ans la Banque de l'Union européenne industrielle et financière*, poursuit-elle. *C'était un univers ultra-traditionnel, très chic, avec voiture et chauffeur. Mes collègues avaient presque tous trois ou quatre enfants, et une épouse au foyer. J'ai été la première femme à intégrer l'équipe du "corporate banking" de cette prestigieuse institution. On me félicitait souvent pour mon travail et mes résultats. Cependant, à la fin de l'année, quand la décision de donner des augmentations est arrivée, le directeur de l'équipe, très ennuyé, m'a expliqué que mon mari gagnait bien sa vie, alors que mes collègues hommes avaient une famille à charge... Cela m'a motivée pour partir.* »

Encore très jeune, sans enfant, Frédérique a rejoint la direction financière de Cofinoga, alors détenu par le groupe Nouvelles Galeries. Pendant quelques années, elle se consacre au refinancement de son entreprise, alors en pleine croissance, avec une double hiérarchie : la direction générale des Nouvelles Galeries et la direction financière de Cofinoga. « *J'ai alors réalisé que mon rapport avec la hiérarchie n'était pas simple,* confie-t-elle. *La compétence m'inspirait un respect naturel, mais je ne supportais pas l'autorité artificielle, celle des petits chefs. De plus, je ne savais pas agir à l'encontre de mes convictions, ni mener un projet auquel je ne croyais pas. Je tenais souvent tête et ce n'était pas toujours bien perçu ! On m'a alors proposé de rejoindre la direction générale des Galeries Lafayette pour travailler sur la restructuration financière du Groupe. La recruteuse m'avait dit que j'étais une femme de pouvoir, capable de se faire remarquer des gens importants… Je ne m'étais jamais vue ainsi !* »

À l'issue de sa mission de restructuration du Groupe en quatre branches d'activités, Frédérique a pris la direction des affaires financières de l'une des branches, Laser. Une période intéressante, avec le pilotage de grandes opérations et des négociations de haut niveau avec des groupes tels qu'IBM, BNP Paribas, etc. « *J'observais la progression des jeunes hommes cadres, alors que les femmes semblaient stagner dans leur métier,* analyse-t-elle. *Je ne comprenais pas pourquoi, alors que le secteur était très féminisé, ces femmes quittaient l'entreprise, car elles ne pouvaient passer de sous-directeur à directeur. J'ai commencé à communiquer sur ce sujet pour faire prendre conscience de ce phénomène à la direction. Pour ma part, je souhaitais devenir directrice financière. Pourquoi n'avais-je pas été nommée à ce poste alors que j'en exerçais déjà la fonction dans les faits ? J'ai donc négocié mon départ.* » À quarante ans, Frédérique s'est accordé une année de réflexion, pendant laquelle elle a adopté un fils et cherché à démarrer une nouvelle vie. Ayant assuré financièrement ses arrières, elle a créé Fincoach, une société de conseil en stratégie financière et en comportement du dirigeant : « *Ayant besoin d'un actionnaire minoritaire, j'ai demandé à mon père s'il accepterait. Signe de son entière confiance en mon projet, il a acquiescé, ce qui m'a vraiment touchée, encouragée et même donné des ailes… J'ai dû presque repartir de zéro pour trouver clients et financements du premier développement. J'avais quitté un statut pour trouver mon identité.* »

Découvrant l'univers des jeunes entrepreneurs, Frédérique a perçu le regard condescendant sur les femmes d'un écosystème à dominance masculine, qui ne correspondait pas à l'image qu'elle avait d'elle-même. « *Je me suis aussi rendu compte que je ne m'étais pas pleinement réalisée et que mon souhait de jeune fille de changer le monde ne s'était pas incarné… C'est vraiment à partir de là que je me suis autorisée à parler d'ambition et que ma grande idée est née. La place des femmes dans notre société pourtant développée posait problème. Leur faible représentation aux plus hauts niveaux de décision de l'entreprise ne semblait pas devoir se résoudre en convainquant les hommes de céder leur place. L'entrepreneuriat féminin représentait donc une solution qui ne lésait personne. Bien au contraire, plus de femmes entrepreneurs entraînent plus d'entreprises, plus d'emplois, plus de richesses à partager* », s'enthousiasme-t-elle.

Aider les créatrices d'entreprise

Afin de faire exploser le fameux « plafond de verre », Frédérique a pensé qu'il fallait contourner l'obstacle, encourager les femmes à créer des entreprises puissantes, innovantes et pérennes, dans les secteurs d'activités où elles excellent et d'autres encore peu explorés. C'est ainsi qu'en 2005 est né Paris Pionnières, un incubateur d'entreprises exclusivement dédié aux femmes entrepreneurs, porteur d'innovation et de création d'emploi : « *J'ai dû mobiliser des élus, des puissants, parfois des misogynes, et les convaincre de la nécessité de mon projet. J'ai éprouvé une grande joie quand Christian Sautter, ex-ministre des Finances et maire adjoint en charge du développement économique à Paris, m'a fait confiance et a mobilisé les énergies pour soutenir le développement de l'association. C'était un moment grisant, de ceux où j'ai l'impression d'être entendue, où je rallie à ma cause et fédère autour de mon projet pour faire changer les mentalités !* » se réjouit-elle.

Pour réussir à influencer ses interlocuteurs, exercice qui la stimule, Frédérique a pris conscience des qualités à développer et des stratégies à mettre en œuvre, comme celle du jeu de go, qui consiste à contourner et à encercler les obstacles, à canaliser et à fédérer les énergies pour arriver à ses fins : « *C'est dans les moments de crise que je puise au maximum dans mon énergie, car l'instinct de survie développe alors toute sa puissance. J'avance en utilisant les quatre formes d'énergie qui s'inspirent des éléments : la terre symbolise la résistance, le feu brûle tout sur son passage, l'eau, par sa force et sa fluidité, permet d'encaisser puis de revenir à la charge telle une vague qui déferle, enfin le vent aide à contourner l'obstacle* », explique-t-elle. Au fil des ans, elle a développé son réseau d'incubateurs, réunis sous la bannière Fédération Pionnères en 2008. Puis en 2010, elle a créé avec un associé et quatre autres actionnaires Mix For Value, une société d'investissement à l'amorçage dans de jeunes sociétés à potentiel de croissance.

En décembre 2012, le gouvernement l'a contactée pour lui proposer la présidence de l'APCE. Frédérique a accepté de relever ce nouveau défi avec enthousiasme, jugeant l'enjeu de taille. « *Le mouvement des Pigeons était à son comble*, rappelle-t-elle. *Il s'agissait d'être l'un des acteurs de la réconciliation du gouvernement en place avec les entrepreneurs français. Je suis devenue la première femme à la tête de l'agence. Quelques semaines plus tard, on m'a aussi proposé de piloter les Assises de l'entrepreneuriat pour 2013. J'ai remis au Président de la République un rapport reprenant les quarante-quatre mesures issues des travaux des Assises réunissant près d'un millier de personnalités de l'écosystème entrepreneurial français provenant du privé et du public.* » Sa mission la passionne, car elle a une forte conscience du rôle utile de l'APCE pour assurer la vitalité économique de la France, même si elle a le sentiment de vivre une situation complexe liée à la proximité du politique.

Aujourd'hui, Fédération Pionnières représente une vingtaine d'incubateurs, dont plusieurs à l'étranger, et contribue à faire évoluer les mentalités autour de l'entrepreneuriat féminin. Pour Frédérique, sa mission au sein des Pionnières n'est pas terminée : « *Je souhaiterais que l'on dépasse le chiffre de 30 % d'entreprises créées par des femmes. Entreprendre est une façon motivante de s'épanouir et de contourner le plafond de verre, encore trop souvent présent dans les entreprises traditionnelles.* » Ses projets ? Bien sûr, elle en a encore et espère qu'il en sera ainsi longtemps, car c'est son fuel. « *Après un bilan réussi à la tête de l'APCE, avec notamment la mise en place d'un site dédié aux femmes entrepreneurs, d'un réseau social entrepreneurs, et d'un autre en faveur de l'entrepreneuriat dans les quartiers, je redouble de projets pour les Pionnières. Je me verrais bien par la suite créer une activité associant développement économique d'un territoire et tourisme. Je suis persuadée que je suis née sous une bonne étoile !* »

L'ambition vue par… Frédérique

Tout d'abord, l'ambition des filles se nourrit de l'éducation reçue, de la confiance donnée — comme celle qu'elle a reçue —, d'une éducation non stéréotypée, encourageant l'expérience et les prises de risque, et du regard qui est porté sur elles, notamment celui des parents et des proches. En outre, l'ambition peut être stimulée par le refus de se laisser enfermer dans des contraintes non choisies. Un appétit de la vie, non assouvi, peut dans certains cas se traduire par une forme de révolte contre l'ordre établi et les possibles injustices qui en découlent. Enfin, l'ambition peut faire naître l'envie de faire bouger les lignes.

Ses conseils

- Ne vous laissez pas « grignoter » par la pression sociale, quelle qu'elle soit ! Sachez être vous-même dans votre environnement social, familial et professionnel.
- Prenez du recul par rapport à votre éducation, aux représentations de votre milieu, de votre genre, de votre culture.
- Rêvez et exprimez vos rêves, condition indispensable pour mettre en œuvre la mécanique qui va vous permettre de les réaliser. C'est ce que l'on appelle la vision !
- Sachez rire de tout, et en particulier des obstacles… et faire rire.
- Aimez déléguer en vous appuyant sur les valeurs de confiance et de respect, sans oublier une pincée de contrôle.
- Quant au comportement, il doit allier une dose d'humilité et d'écoute sur une base solide de confiance en vous.

« Être ambitieux, c'est vouloir faire bouger les choses »

À cinquante-cinq ans, Nadia Frontigny est vice-présidente de Care Management (Orange Healthcare Division). Rapporteur en 2013 auprès du gouvernement sur la Silver Économie[1], elle est adjointe au maire de Colombes depuis mars 2014.

J'ai fait la connaissance de Nadia Frontigny dans un cadre professionnel. Lors de l'entretien qui nous a réunies pour cet ouvrage, elle m'a avoué d'emblée que le sujet de l'ambition l'avait interpellée. Elle ne s'était jamais posé la question ! Surprenant, quand on se penche sur sa carrière. Pour elle, l'ambition est liée au pouvoir, mais ce dernier n'est qu'un moyen de mettre en œuvre la première. Ce n'est surtout pas une fin en soi. « *Avoir le pouvoir sans nourrir d'ambition me semble inconcevable*, précise-t-elle. *L'ambition me paraît en effet être quelque chose de grand, voire de céleste. Détenir du pouvoir à des fins personnelles n'a pas de sens : quand on a la chance d'en avoir, par exemple en politique, on dispose de leviers fantastiques pour changer le monde et la vie des gens, agir sur son environnement et celui des autres. Il ne faut pas gâcher cette opportunité.* »

Pouvoir et influence

Un univers intrigue et attire Nadia : celui des créateurs d'entreprise, qui, pour la plupart, ont pris des risques personnels directs et mis leur ambition au service de la création de valeur. S'ils s'enrichissent et gagnent leur vie par ce biais, tant mieux, mais ils contribuent surtout à la création d'emploi. Ils ont pris le risque d'aller au bout de leur projet, d'y croire et d'entraîner les autres dans leur sillage. « *Dès lors que l'ambition, c'est posséder cette vision de faire bouger les choses, le pouvoir n'est qu'un moyen d'y parvenir*, explique-t-elle. *Il en existe un autre : l'influence, c'est-à-dire le pouvoir de faire agir. Elle suppose une certaine dose d'abnégation, mais donne la satisfaction d'avoir pu peser sur le cours des choses ou de la vie à travers la transmission de ses idées, et de se "rémunérer" ou se récompenser sur les résultats. Pour ma part, je préfère revendiquer la "paternité" d'une décision.* »

1. L'économie au service des personnes âgées.

Quant à l'ambition féminine, elle serait plutôt associée à une dimension altruiste. Par opposition, ses presque trente ans de carrière professionnelle et plus récemment également politique, lui ont montré que les hommes n'avaient pas ces inhibitions et aimaient se mettre en avant et chercher les honneurs : « *Les femmes ont peut-être tendance à s'oublier, à faire passer le collectif avant l'individuel, estimant que l'objectif est avant tout de changer les choses. Elles risquent ainsi d'occulter de ce fait certains leviers menant au pouvoir. Ce n'est qu'à la cinquantaine que j'ai pris conscience de l'importance des titres, des honneurs. Grâce à un travail sur moi, je vais même les chercher. Il n'y a pas de raison !* »

Nadia admet qu'elle aime décider et diriger, et n'apprécie pas de se voir imposer la conduite à tenir. Dès lors que ce qu'on lui impose devient une contrainte, elle invente des procédés pour la contourner et la transgresser. « *J'aime être écoutée, entendue*, avoue-t-elle. *Je deviens terriblement frustrée lorsque je me rends compte qu'on n'a pas tenu compte de mon avis ou de mes recommandations. J'ai pris conscience assez récemment qu'il pouvait exister une différence entre les hommes et les femmes dans l'exercice du pouvoir, dans la façon de mener leurs missions. Les conseils d'un consultant qui intervenait auprès des cadres de direction, me recommandant d'égayer ma tenue vestimentaire en raison de l'austérité du sujet sur lequel je devais plancher devant tous ces messieurs, m'ont beaucoup amusée !* »

Nadia reconnaît n'avoir jamais suivi de modèle, mais avoir admiré certaines personnes, hommes et femmes. Par exemple, enfant, elle s'identifiait complètement à François, l'un des personnages centraux de la série du *Club des Cinq* [1], un jeune garçon aventurier, leader et décideur du groupe. « *Ma mère, une femme très intelligente qui n'a pas suivi de longues études, a la faculté d'amener les gens là où elle le veut, en décidant tout en douceur. Elle a réussi à mener à bien de grands projets dans sa vie avec un véritable engagement. Directrice d'un centre social, elle était surtout pionnière du MLF (Mouvement de Libération des Femmes). J'admire aussi Christine Lagarde, qui a notamment réussi à modifier la position du FMI.* » À défaut de réelle inspiratrice, elle aurait apprécié avoir un mentor ou rencontrer des femmes aguerries qui auraient pu la mettre en garde contre un certain nombre de comportements à éviter en entreprise, ou la conseiller sur certaines attitudes à adopter.

1. Série de romans policiers pour les enfants et les jeunes adolescents écrite par la romancière britannique Enid Blyton, publiée en Grande-Bretagne entre 1942 et 1963, parue en France chez Hachette (Bibliothèque Rose).

Des études à Polytechnique

D'où vient l'ambition de Nadia ? « *Ma mère descend d'une famille de riches paysans beaucerons, paupérisée par la Première Guerre mondiale avec le décès des hommes au front,* précise-t-elle. *Quant à mon père, il doit sa carrière d'ingénieur à ses excellents résultats scolaires. Je suis leur fille cadette. J'ai passé mon enfance entre des parents aimants et une sœur brillante, un peu artiste, que j'admirais. Je n'ai jamais possédé de poupée, préférant jouer à des jeux de construction ou à l'école, ou encore à la corde à sauter ou à la marelle. Surtout, je lisais tout le temps. Je ne me rappelle pas d'un jour où je n'ai pas ouvert un livre. Pour mon père, qui disait que l'on travaillait pour quelque chose de supérieur à soi et qu'il ne fallait pas gâcher ses éventuels dons, la lecture devait servir à l'apprentissage et à la culture, mais pas au divertissement. Avec ma sœur, pour contourner cette interdiction, nous lisions des romans en anglais !* » Convaincu que la maîtrise des langues étrangères serait essentielle pour ses filles, leur père les a envoyées dès l'âge de six ans passer un mois en Angleterre chaque année, ajoutant à cela un autre mois, cette fois en Allemagne, à partir de leur onzième anniversaire.

Très sociable, Nadia recevait toujours à l'école le prix de camaraderie : ayant de grandes facilités à apprendre, elle aidait ses petites camarades moins douées à faire leurs devoirs. Elle s'est réjouie, à partir du collège, de pouvoir enfin intégrer un établissement mixte, s'amusant à organiser des bagarres dans la cour de l'école : « *Je déplorais l'absence de solidarité de mes petites camarades, qui n'appréciaient pas ces jeux "de garçons". Je me suis ensuite initiée à la musique, d'abord le piano, puis le hautbois, avec le plaisir de jouer en orchestre.* » Après la troisième, cette brillante élève a intégré la filière générale scientifique. Elle excellait particulièrement en mathématiques et se régalait des problèmes. « *Les cours en seconde me semblant simples, pour pimenter un peu ma scolarité, j'ai suivi le dernier trimestre outre-Rhin,* s'amuse-t-elle. *Je voulais être excellente dans les domaines que j'avais choisis... Après la terminale, bac scientifique avec mention très bien en poche, j'aurais pu m'orienter vers la musique et intégrer le Conservatoire de Paris, mais j'ai opté pour des études d'ingénieurs, en commençant par une classe préparatoire scientifique.* »

Sans surprise, mais avec beaucoup de travail, Nadia a été admise dans la plus prestigieuse des écoles : Polytechnique. Quel étonnement lorsqu'on lui a remis son paquetage, lui annonçant qu'elle partait pour un an de service militaire ! « *Nous étions dix-huit filles et trois cents garçons... C'est là que j'ai vraiment appris à ne pas être une femme. J'ai compris plus tard qu'il s'en était fallu de peu pour que je n'entre jamais dans cette école que j'ai tant aimée et qui m'a tant apporté, l'établissement ne s'étant ouvert aux filles qu'en 1972. Grâce à cet enseignement, je sais donner des ordres clairement, distinctement, en utilisant tous les décibels de ma voix* », explique-t-elle. Aspirant à vivre des aventures fortes, et à mettre sa patte dans de grands projets, elle a fait son entrée dans la vie active en 1985 au ministère de l'Intérieur.

Nadia y a pris la direction d'un service qui pilotait l'évolution des systèmes d'information du ministère, notamment la refonte des systèmes de paiement des amendes. « *Comme j'ignorais l'impossibilité de faire changer les choses, avec ma détermination, voire une certaine fraîcheur, je m'y suis attelée ! Je suis d'ailleurs très fière que le système actuellement en vigueur, amélioré bien sûr depuis, soit né grâce à ce que j'ai impulsé et mis en place à cette époque* », se réjouit-elle. Trois ans plus tard, Nadia a accepté un poste qu'on lui proposait chez France Telecom : « *Les contacts que j'avais noués avec les officiers croisés pendant mon service militaire m'ont été très utiles. Cela m'a permis de gagner beaucoup de temps, en m'appuyant sur mon expérience opérationnelle au centre de surveillance aérienne de Saint Mars-La-Pile, en Indre-et-Loire, lorsque j'ai été amenée à diriger des équipes techniques à France Telecom.* »

La liberté de s'affirmer

Après avoir été directrice des systèmes d'information, Nadia est devenue directrice du marketing. Changer ainsi de poste tous les trois ou quatre ans lui convenait bien, car elle qui n'a soif que d'innovation, de mouvement, et de projets, s'essoufflait et s'ennuyait au terme de cette période. « *Je n'ai pas hésité à manifester ma désapprobation face à certaines décisions ou stratégies, parfois en claquant des portes*, reconnaît-elle. *Cela m'a valu à deux reprises d'être appelée à prendre d'autres fonctions au sein de France Telecom, puis d'Orange. Mes nouveaux collaborateurs m'attendaient parfois avec un peu de suspicion. Je n'ai jamais pris cela pour un échec, car je me suis toujours sentie libre d'affirmer ce que je pensais. De plus, je trouvais toujours des opportunités et des choses à apprendre et à développer dans les nouveaux secteurs que je découvrais. Il m'est arrivé de demander une augmentation de salaire, en particulier lorsque je remarquais une différence non justifiée avec les revenus de certains de mes homologues masculins. Je reconnais aujourd'hui avoir parfois pris des risques — certes mesurés tout de même —, non seulement pour moi, mais aussi pour l'entreprise, afin que la structure avance, au détriment d'un certain confort personnel. J'ai toujours été persuadée de ma légitimité et de mon bon droit.* »

Nadia a trois enfants et géré sa carrière de façon tout à fait harmonieuse, grâce au soutien de son mari, moins mobile, l'appui de ses parents et beaux-parents, et bien sûr d'une nounou hors pair : « *J'ai toujours eu une excellente santé et une très forte énergie. J'ai aussi la chance d'avoir épousé quelqu'un de posé, avec qui j'ai pu partager le quotidien. Au cours de ma carrière, j'ai ressenti parfois quelques frustrations, lorsque le travail que j'avais effectué n'était pas reconnu à sa juste valeur. Aujourd'hui, je ne pourrais plus faire preuve d'abnégation et accepter cela !* » affirme-t-elle. Pour la première fois, elle occupe à titre professionnel depuis 2011 un poste davantage lié à l'influence, à la conduite de projets d'envergure, qu'à la direction opérationnelle. Vice-présidente de Care Management (Orange Healthcare Division), Nadia est pilote du projet de développement de la Silver Économie : « *J'établis des propositions et travaille avec les dirigeants du secteur, le ministère des Personnes âgées et de l'Autonomie, et celui de l'Économie, du Redressement productif, et du Numérique, avec comme objectif le développement d'un nouvel espace économique pour mon entreprise* », précise-t-elle.

Dans ce cadre, Nadia est présente derrière les ministres lors des grandes cérémonies organisées pour la remise des rapports qu'elle copilote. Ses idées pertinentes, son expertise de haut niveau, son énergie, sa bonne humeur, sa rigueur et son énorme capacité de travail en font une figure importante de la filière. « *J'éprouve une réelle sensation de satisfaction en me disant que je porte la parole d'Orange dans le dispositif, que je suis écoutée et vais pouvoir agir et influencer la façon dont cette nouvelle économie va prendre racine. J'adore parler en public et prends du plaisir à partager mes idées et à faire réagir* », confie-t-elle.

À présent, Nadia se dit qu'à son âge, elle va peut-être revendiquer des insignes et autres signes extérieurs de pouvoir : l'argent bien sûr, mais aussi les honneurs, les titres, et les médailles. Même en politique : elle a refusé de devenir maire adjoint en 2003, de crainte d'une trop forte pression. « *Je l'ai regretté, car mon investissement valait largement celui d'un adjoint* », commente-t-elle. Fermement décidée à exister également politiquement, elle s'est lancée dans la course vers un pouvoir assumé et revendiqué pour faire bouger les choses dans sa ville de Colombes (Hauts-de-Seine). Depuis la fin mars 2014, Nadia est adjointe au maire, détenant la délégation Démocratie locale, Citoyenneté. Puisque c'est ainsi que le système fonctionne, il n'y a pas de raison de rester dans l'ombre : « *J'ai toujours beaucoup travaillé, peut-être trop, pour me rendre indispensable. Plus que jamais, je souhaite non seulement faire avancer les choses, mais aussi assumer la responsabilité et la genèse de mes réalisations* », ambitionne-t-elle. Voilà un bel avenir pour cette battante…

L'ambition vue par… Nadia

Les filles peuvent manquer d'ambition si elles si elles n'anticipent pas leur avenir professionnel. Elles peuvent aussi se poser la question tardivement et découvrir alors qu'elles possèdent certains ressorts. Elles peuvent par ailleurs manquer d'ambition par souci du travail bien fait et de rigueur : elles se consacrent alors à effectuer leurs tâches dans les délais impartis, en oubliant le reste et notamment les ingrédients pour accéder au pouvoir et faire de leur ambition une réalité. En outre, l'ambition vient aux filles dès lors qu'elles sont encouragées par le système éducatif et par leurs parents : ceux-ci ne doivent pas leur imposer de limites, ni d'entraves, même physiques (par exemple ne pas les obliger à porter des vêtements qui vont bloquer leur liberté de mouvement). Ils devraient les inciter à prendre des risques plutôt qu'à obéir. Ajoutons à cela les valeurs, notamment familiales, et l'histoire de la famille. Comme le précise enfin Nadia, certaines femmes sont ambitieuses dans la continuité d'une histoire familiale, d'autres par revanche sociale, et d'autres encore parce qu'elles ignorent les schémas donnés aux femmes et ce qui peut leur être interdit socialement. Tel est le groupe auquel Nadia correspond.

Ses conseils

- Se féliciter en fin de journée de tout ce qu'on a accompli donne une pêche terrible !
- Il est important d'être en pleine forme, car cela permet de porter plus d'attention aux autres acteurs, de devenir plus réceptive aux nouvelles idées et suggestions. On est donc plus efficace. Posez le crayon et appréciez la vie !
- La vie est mixte, donc la parité viendra aussi des messieurs : éduquons nos garçons et nos filles, c'est essentiel !

« L'ambition se traduit par une détermination extrême »

À cinquante-sept ans, Nicole Etchegoïnberry préside le directoire de la Caisse d'Épargne Loire Centre, ainsi que le réseau « Les Elles de BPCE ». Elle est chevalier de la Légion d'honneur.

Énergie, humour et détermination : Nicole Etchegoïnberry ne se prend pas au sérieux. Brillante et charismatique, cette femme sympathique et accessible dirige plus de mille huit cents personnes ! Sa définition de l'ambition ? « *C'est arriver à faire ce qu'on a envie de faire*, répond-elle sans hésiter. *Plus qu'une démarche, c'est un rêve, un aboutissement. Si je prends mon propre exemple, mon projet était de diriger une banque régionale pour pouvoir intervenir dans la vie économique locale et agir sur le cours des choses et la vie des habitants. Aujourd'hui, en tant que présidente du directoire de la Caisse d'Épargne Loire Centre, je fais tourner la machine. J'ai une vision à trois cent soixante degrés de la société et peux agir à la fois sur la vie économique, politique, culturelle et sportive avec un vrai engagement sociétal. Telle était mon ambition : détenir le pouvoir d'une banque régionale pour pouvoir agir sur les décisions pour la Région avec les préfets, les maires, le président de Région, etc. On imprime ainsi sa marque dans un champ des possibles très étendu.* »

Le pouvoir pour agir

Pour Nicole, le pouvoir est un moyen d'agir. Faisant preuve d'une grande humilité, elle se présente d'abord simplement comme étant Nicole, et non à travers sa fonction, qu'elle met en avant si nécessaire, mais qui ne constitue pas le fondement de son existence sociale : « *Le pouvoir pour être n'est pas la preuve d'une grande ambition, en revanche, le pouvoir qu'octroie la fonction permet d'agir. Quand on est ambitieux, ce qui est mon cas, on peut faire preuve d'une détermination extrême. Tant qu'on ne me dit pas que je suis entêtée, je persévère ! Il fallait que je prouve que j'étais compétente, alors j'ai énormément travaillé, pris des risques et persévéré. Mon expérience me prouve que le pouvoir le plus violent est celui exercé en politique, qui oscille en fonction des acteurs entre le pouvoir pour agir et le pouvoir pour être, avec des protagonistes — des hommes dans la plupart des cas — dotés d'une forte capacité à encaisser, d'un besoin d'exister, et de se rassurer. Leur appétit envers les femmes en serait une illustration.* »

L'ambition féminine se caractérise pour Nicole par la volonté d'avoir le pouvoir pour agir plutôt que pour être. Les femmes ambitieuses qu'elle a pu rencontrer sont moins en quête d'un titre et d'une fonction que les hommes. « *L'honneur et la reconnaissance sociale ne sont pas une fin en soi pour elles*, ajoute-t-elle en souriant. *Les femmes vont probablement avoir plus de courage à s'exprimer, quitte à s'épuiser pour atteindre leur but, ou à comprendre après coup qu'elles n'ont pas nécessairement utilisé les bons leviers, et qu'elles devraient parfois avoir un sens politique plus aiguisé pour se protéger et parvenir à leurs objectifs de façon plus modérée. C'est un peu comme la chèvre de Monsieur Seguin qui se bat toute la nuit pour finir morte le matin.* » Ramenée au monde professionnel, cette métaphore montre que ses collègues l'auront peut-être, un jour, laissée se fatiguer et partir au front pour revenir plus sereins de la bataille.

Les femmes semblent moins carriéristes, moins à la recherche du pouvoir pour le pouvoir, donc au final moins ambitieuses : selon Nicole, ce qui leur manque sont les codes pour se projeter dans la vie professionnelle. « *Très tôt, on apprend à l'homme à devenir un chef de famille, on le programme pour une carrière professionnelle*, explique-t-elle. *Moi qui côtoie un certain nombre de femmes à travers les réseaux prônant la mixité, j'ai développé une autre ambition : susciter l'envie aux femmes de se projeter, d'oser dire ce qu'elles ont envie d'être et de faire. L'objectif ? Qu'elles se révèlent en construisant et verbalisant leur projet.* » Nicole n'a pas été inspirée par une femme connue en particulier. Cependant, certaines anonymes l'ont guidée et lui ont permis d'avancer, par exemple sa professeure d'informatique : « *J'admirais beaucoup sa liberté d'expression. Je pense aussi à une femme politique courageuse, l'ancienne ministre de la Santé et de la Famille Michèle Barzach du gouvernement Chirac de 1986 à 1988. Elle a eu le courage de s'exprimer avant de disparaître de la vie politique.* »

Nicole assume tout à fait son ambition, avouant qu'elle aurait gagné quelques années si elle avait compris ou si on lui avait expliqué les règles du jeu un peu plus tôt. « *Ce sont notamment ces quelques années que j'aimerais faire gagner aux femmes, pour qu'elles ne se contentent pas de penser que si elles travaillent bien, on finira par les solliciter ou les augmenter*, affirme-t-elle. *J'ai parfois eu la surprise de voir tel ou tel collègue promu avant moi, alors qu'objectivement, au regard des résultats, rien ne le justifiait. Après avoir ressenti de la frustration, je me suis interrogée : il devait sans doute me manquer quelque chose ou peut-être ne faisais-je pas ce qu'il fallait. J'ai résolu ce problème d'abord en réseautant. Le réseau est un formidable moyen de se faire connaître, d'échanger, d'aiguiser sa curiosité, de se tenir informé, de faire en sorte qu'on pense à nous. Il fallait que je prenne ce temps pour rencontrer des gens et être repérée. J'ai attendu d'être quadragénaire pour avoir cette prise de conscience !* »

Une grande liberté d'action

Nicole est née et a grandi dans un petit village du Sud-Ouest. Elle en a gardé d'ailleurs son accent si chantant. « *Ma mère était lingère, mon père orthopédiste. Plutôt timide, j'observais beaucoup. Nous ne partions pas en vacances, mais j'ai vécu une enfance heureuse à la campagne, toujours à l'extérieur, construisant des cabanes avec les enfants du village et mes deux frères. Mon grand plaisir était d'avoir le droit de dormir à la belle étoile au fond du jardin. Ma mère m'a appris à être une fille : je savais coudre et tricoter* », raconte-t-elle. Petite fille, elle laissait libre cours à son imagination : « *J'aimais tellement la nature que je rêvais d'être chef d'orchestre d'éléphants, et si possible sur un porte-avions ! On est bien loin de la nature, mais proche d'un univers qui représentait pour moi la puissance et l'invincibilité.* » Féminine, mais pas trop, sa passion était de regarder les matchs de rugby à la télévision. Au village, on avait le verbe facile, et la maison familiale était souvent le théâtre de grandes discussions pour refaire le monde. « *Ces échanges sur l'économie et la politique m'intéressaient. Souvent, l'instituteur du village, le maire et le conseiller général s'arrêtaient à la maison pour échanger avec mon père. J'écoutais, j'observais, puis je participais à ces discussions, prenant goût à ces invectives verbales qui ont peut-être été la source de mes reparties légendaires !* » s'amuse-t-elle.

Même s'il fallait respecter un certain nombre de règles à la maison, Nicole avait une grande liberté d'action. Cette excellente élève travaillait toute seule, sans se faire aider par quiconque pour ses devoirs. Au lycée, au milieu des années 1970, elle a fait partie d'une équipe de basket, découvrant le plaisir des sports collectifs et de la compétition. Alors qu'elle était en section économie, compte tenu de son goût pour l'actualité et la politique, la filière informatique passait pour un nouvel eldorado. « *J'ai suivi le mouvement, m'inscrivant en section H. J'ai suivi les conseils de ma formidable professeure d'informatique, dont j'admirais notamment le charisme et l'aisance verbale. J'aurais voulu ressembler à cette femme épanouie !* » confie-t-elle.

Nicole a logiquement poursuivi ses études par un DUT d'informatique à Toulouse, allant jusqu'au doctorat, tout en travaillant en parallèle. Elle a découvert l'univers bancaire très tôt, d'abord à la Banque Courtois, où elle était affectée au développement informatique, à la télématique : « *J'étais responsable de projets. J'ai très vite été identifiée comme la spécialiste des nouvelles technologies. À vingt-six ans, je suis devenue la conseillère de la direction sur ces sujets. J'ai ainsi été repérée par le directeur du Crédit Mutuel de Toulouse. En tant que responsable de l'organisation, je me suis déplacée dans dix départements, jusqu'au siège à Strasbourg. Cette preuve de confiance a renforcé mon assurance et ma confiance en moi* », analyse-t-elle.

C'est à cette période que Nicole a donné naissance à son fils, en 1982. Si elle vivait plutôt bien les choix de vie qu'elle et son mari avaient faits, avec une implication de l'un et de l'autre dans la vie domestique, son entourage la culpabilisait, lui rappelant que le rôle d'une mère était d'être près de son enfant et non sur les routes. « *Quand je n'étais pas en déplacement, je n'arrêtais pas. Je préparais toutes les purées et les soupes moi-même, pour tenter d'effacer cette culpabilité*, précise-t-elle. *Je ramenais un petit cadeau à mon fils après chaque déplacement, tandis que mon mari prenait le relais, comme toujours. Mais quand j'étais de retour, je me consacrais entièrement à mon enfant.* »

En 1990, le directeur général du Crédit Agricole de Toulouse lui a proposé la direction de l'exploitation bancaire, soit une équipe de deux cents personnes. Deux ans plus tard, Nicole a été repérée pour un parcours de cadres hauts potentiels de direction, ce qui l'a aidée à prendre conscience de son talent en faisant naître chez elle une ambition non feinte : « *On m'a également proposé un poste de directeur du développement, alors que je n'avais jamais fait de marketing ni de commercial. J'ai d'abord décliné avant de me faire une raison et de saisir cette opportunité, qui s'est avérée très enrichissante sur le terrain. Pendant les derniers mois, les choses se sont compliquées. J'ai défendu mes positions et suis restée fidèle à mes idées sans les trahir, allant parfois à l'encontre de ce qu'il convenait de penser, car je ne suis pas de nature à courber l'échine. Je me reconnais une grande capacité de résilience. Mon départ a été plutôt houleux...* » À l'occasion de cette rupture forcée, Nicole a pu compter sur l'appui de certains collègues, grâce à sa personnalité ouverte et naturellement chaleureuse.

Toujours en mouvement

Cette période troublée dans un parcours bien tracé lui a permis de prendre du recul. Pour la première fois de sa vie, elle a travaillé dans l'univers de l'industrie, dans une PME à taille humaine spécialisée dans le luminaire. Malgré tout l'intérêt qu'elle portait à sa mission de développement, l'absence de vision sociétale lui pesait. « *Cette période a été vraiment salvatrice pour me retrouver et reformuler vraiment mon projet professionnel*, affirme-t-elle. *Je préférais la banque en raison de la dimension de son activité : par exemple, détenir les clés du pouvoir d'une banque régionale permet d'agir sur la collectivité et le monde économique. J'ai donc rejoint la Caisse d'Épargne Midi-Pyrénées en tant que chargée de mission du président du directoire.* » Nicole a rapidement gravi les échelons, tout en retrouvant ses premières amours, les nouvelles technologies. C'est en effet dans ce domaine que les enjeux stratégiques étaient les plus critiques. De 2003 à 2009, elle a enchaîné différentes responsabilités en changeant tous les deux ans de poste pour la mise en place notamment de plateformes. « *J'avais exprimé mes intentions, ou plutôt mes ambitions au président du directoire : présider une banque régionale en raison de l'impact de cette fonction. J'avais cependant l'impression de ne pas avoir été complètement prise au sérieux, d'autant que cet univers professionnel est totalement masculin. Pourtant, ni les nouvelles technologies ni le réseau informatique, que je maîtrisais, ne m'effrayaient* », précise-t-elle.

Toujours en mouvement, pleine d'énergie, Nicole ne s'arrête jamais. Dotée d'une grande force de travail et d'une répartie impressionnante, elle emporte toujours lors de ses déplacements professionnels ses baskets : « *Découvrir une ville en courant est source de grand plaisir. On allie le sport au plaisir des sens. Très indépendante, parfois solitaire, je me ressource également pendant de longs treks dans des conditions spartiates. Mon grand plaisir ? Être l'anonyme parmi les anonymes et surtout entrer en contact avec les populations locales, sans le moindre confort.* » En 2009, la rencontre de François Pérol, nouveau président du directoire de BPCE, a tout changé pour Nicole. Très vite, elle s'est sentie en symbiose avec cet homme, par ailleurs très ouvert aux questions de mixité. La même année, grâce à la confiance du conseil de surveillance de la Caisse d'Épargne Loire Centre, elle est devenue l'une des deux femmes patronnes de banque régionale du Groupe BPCE[1], avec un double engagement : développer la région Centre et contribuer à la promotion des femmes aux postes à responsabilité. « *Dans ce cadre, j'œuvre au sein de réseaux comme Financi'Elles depuis 2011, aux côtés de la direction générale et de la DRH pour mener une politique de mixité et faire en sorte que des objectifs chiffrés fixés soient respectés* », précise-t-elle.

En 2012, Nicole a développé un réseau interne, « Les Elles de BPCE », qu'elle préside : « *C'est une sorte de fédération, créée et initiée par des cadres dirigeantes pour stimuler les initiatives et mobiliser les femmes, les différents réseaux comme Palatine au Féminin (Banque Palatine), Winn chez Natixis, ou dans les Banques Populaires et les Caisses d'Épargne... Il s'agit de promouvoir la mixité, d'encourager les femmes à aller de l'avant, et de leur permettre d'accélérer le mouvement en décodant les règles de l'organisation.* » Par son énergie et sa générosité, Nicole impulse l'émergence ou la renaissance d'une ambition latente chez les femmes pour qu'elles soient là où elles doivent vraiment être, où elles choisissent d'être. Son prochain défi ? Mettre tout en œuvre pour aider à la construction du groupe, son groupe, en préservant sa santé et son énergie, deux énormes atouts nécessaires pour poursuivre sa route. Nicole est une formidable ambassadrice des femmes...

1. Fin 2013, elles étaient cinq sur trente-six membres.

L'ambition vue par… Nicole

L'ambition vient d'abord de l'observation : on regarde, on s'identifie et on se dit que finalement c'est possible ; cela fait rêver et donne envie d'y arriver. Elle naît également avec les réseaux, grâce aux médias, qui confirment que certaines femmes exercent une brillante carrière, mènent à bien leurs projets. Ces femmes-là sont la preuve par l'exemple que l'on n'est pas dans la théorie. De plus, toute forme d'ambition est légitime et respectable et ne concerne pas que l'univers professionnel. Par ailleurs, l'ambition vient d'une assurance née du regard bienveillant d'un ou de plusieurs mentors, de personnes qui ont fait confiance et autorisé à penser que « le mieux » était accessible. Enfin, pas d'ambition sans une éducation où la liberté, la curiosité, l'esprit critique et l'utilisation du verbe et de la contradiction sont non seulement permis, mais aussi développés.

Ses conseils

- Osez et persévérez.
- Soyez égoïste et pensez un peu à vous.
- Sortez, allez vers les autres, enrichissez-vous à leur contact.
- Réseautez.
- Et surtout restez femme !

CHAPITRE 4

Quelques trucs et astuces pour réaliser ses ambitions

À travers les différents parcours que vous venez de découvrir s'expriment la fierté ressentie par ces femmes, l'estime de soi et la joie, ou plutôt le moteur qui les anime. Quel que soit votre âge, je vous propose de vous interroger : que ferai-je quand je serai grande ? Qu'aimerais-je que l'on dise de moi par exemple lors d'un discours prononcé à l'occasion de mon soixante-dixième anniversaire devant une assemblée de proches et de personnes que j'aurais croisés dans ma vie professionnelle et personnelle ?

Une chasseuse de têtes avec qui j'ai échangé un jour m'a expliqué qu'elle avait identifié chez les femmes un vrai tournant vers quarante ans, âge auquel elles décident de sauter ou non le pas vers des postes à responsabilités. Toujours d'après elle, ce qui m'a semblé étrange et m'a interpellée, certaines femmes rencontrées dans le cadre de ses missions se pensent d'abord en tant que femme, alors que d'autres s'envisagent en premier lieu en tant que personne, faisant abstraction du genre. La prise de décision des unes et des autres pour sauter le pas s'avère alors parfois divergente... Enfin, elle m'a confié qu'elle préférait les personnes, hommes ou femmes, qui se démarquaient : « *Quand on est trop consensuel, on est ennuyeux. Je recherche la singularité, ou alors à démasquer ce qui n'est pas lisse chez ceux qui semblent justement manquer d'aspérités.* »

Pour réaliser ses ambitions, il faut les avoir identifiées : faites un « arrêt sur image » pour voir comment procéder, puis osez vous lancer, accepter vos choix, être vous-même, refuser si nécessaire, vous affirmer, et même devenir stratège. Cela passe bien sûr souvent par la confiance en soi et l'assurance, par l'acceptation de ses qualités et de ses défauts, par la reconnaissance de ses atouts, et par quelques compétences à renforcer ou des techniques à acquérir.

Parfois, plutôt que de vous laisser aller aux lamentations et à la frustration, face au refus qui vous est signifié de vous promouvoir ou de vous choisir pour ce poste dont vous rêvez, demandez-vous ce qui vous a fait défaut, et si ce n'est finalement pas mieux ainsi. Vous ne correspondez peut-être pas au profil. Demandez-vous ce que celui ou celle qui vous a été préféré a de plus que vous : réputation, réseau, école, expérience, compétence, comportement, expertise, etc. Au lieu d'être triste ou en colère, analysez et réagissez : agirez-vous de la même façon à la prochaine occasion ? Est-ce au-delà de vos capacités et de vos valeurs ? Faites-vous partie des réseaux qui ont le vent en poupe dans votre environnement professionnel ?

Les quinze fiches pratiques qui suivent n'ont aucun fondement scientifique, ni la prétention d'être des méthodes ou des outils. Pour chacun des sujets abordés, il existe des professionnels, des coachs, des psychologues, des chercheurs, des sociologues et autres formateurs. Les conseils et astuces que je vous propose sont issus de mon expérience et de mon observation, en tant que femme de réseau ambitieuse qui a côtoyé d'autres ambitieuses (ainsi que des hommes) qui sont déterminées à aller au bout de leurs rêves.

Ces quelques principes relèvent parfois du bon sens, mais ont le mérite d'être rappelés ici, chacun des sujets demandant bien sûr un approfondissement. Ce sont des thèmes qui se veulent universels, quels que soient votre milieu d'origine et votre éducation. S'il n'y avait qu'une seule chose à retenir, la clé du succès se résume, selon moi, à savoir faire, savoir être et faire savoir...

Saisir les opportunités

Définition

Cela se traduit par nombre de cas de figures, par exemple :

- l'occasion d'échanger avec une personne qui va vous donner des informations, vous faire envisager de nouvelles possibilités ;
- la possibilité de participer à un groupe de projet et donc de développer ou de montrer une compétence ;
- la proposition de tenter quelque chose de nouveau ou de vivre une nouvelle expérience ;
- la participation à un colloque ;
- la présentation d'un projet ou une intervention en public.
- À la faveur d'une conversation, vous avez une idée de solution qui va changer les usages, vous permettre de créer une entreprise, un produit ou un service innovant.

Intérêt

C'est le meilleur moyen de sortir de sa zone de confort. Vous avez une envie et une opportunité vous permettant de la transformer en réalité se présente à vous. En produisant moins d'effort que si vous deviez vous-même provoquer les conditions de réussite de votre projet, vous allez pouvoir vous lancer. En saisissant cette occasion, vous gagnez un temps fou. C'est l'heureux hasard qui va vous permettre d'aller plus vite et plus loin. Je ne peux que vous conseiller de chercher ces opportunités, de provoquer des rencontres avec des personnes d'autres milieux et univers, très différentes de vous. Il s'agit de quitter une certaine « caste » le cas échéant, à travers vos activités et les contacts établis au quotidien, pour vous permettre de mieux comprendre le monde qui vous entoure, et faire naître en vous de nouvelles idées.

Mode d'emploi

Le courage et l'audace sont ici les maîtres mots : il faut prendre sur soi, voire parfois prendre des risques. Dans le cas d'un nouveau poste, il s'agit de se lancer, même si on pense n'avoir que 60 % de chances d'y arriver. C'est aussi accepter de relever un nouveau défi, par exemple former des collègues alors qu'on ne l'a jamais fait ou encore lever la main pour devenir le porte-parole d'un groupe de travail par exemple. C'est aller dans un cocktail saluer le contact que vous cherchez à rencontrer depuis des semaines : si vous connaissez quelqu'un qui peut faire le lien, c'est bien, mais si vous avez préalablement été mis en relation sur les réseaux sociaux, vous devez initier la conversation...

En pratique

- Sophie, cadre dirigeante nouvellement nommée, m'a confié qu'à sa prise de poste, elle avait reçu des candidats pour travailler avec elle. Une jeune femme brillante lui avait notamment parlé du plaisir qu'elle prenait à gérer le projet sur lequel elle travaillait. Le candidat suivant, un jeune homme situé beaucoup plus bas dans la hiérarchie, lui avait pour sa part expliqué clairement comment il se voyait évoluer et ce qu'il comptait faire l'année suivante. « *Vous êtes gonflé !* », lui avait-elle répondu ; à quoi il a osé rétorquer : « *Certes, mais je n'aurai peut-être pas l'occasion de m'entretenir de nouveau avec vous dans l'année qui vient, alors je me lance.* » Elle a reconnu que c'était très confortable pour un manager qui faisait son casting de savoir ce que ses collaborateurs voulaient. Le jeune homme a décroché le poste.
- Quelques mois après la victoire de l'équipe de France à la Coupe du monde de football de 1998, Bernadette Chirac et Aimé Jacquet, entraîneur des Bleus, étaient venus dans notre chef-lieu de canton d'Eure-et-Loir pour parrainer une manifestation sportive à l'occasion de l'opération « Pièces jaunes ». Les associations se sont mobilisées et ont proposé à Christine Doumergue de s'occuper de la direction artistique de toute la manifestation, du défilé thématique jusqu'au spectacle, ce qui a accru la notoriété de son école de danse et son rôle de fédératrice. Et lorsqu'au sein de la troupe de spectacle qu'elle animait et dont je faisais partie elle a demandé qui pouvait faire office de présentateur, je me suis lancée, sans expérience, mais avec beaucoup d'envie. Ces expériences scéniques m'ont ensuite beaucoup aidée dans l'exercice de mes fonctions professionnelles pour intervenir en conférence ou à des tables rondes.

Attention !

- Vous risquez de passer pour une arriviste aux yeux de certains de vos interlocuteurs.
- Préparez bien votre « entrée en matière ».
- Vous risquez d'être impolie et de déranger si vous ne vous adaptez pas aux codes du savoir-vivre de votre interlocuteur ou à son environnement professionnel.
- Veillez à mettre tous les moyens en œuvre pour vous adapter au succès et surtout pour ne pas vous stresser, voire baisser les bras.

Adopter une stratégie de contournement

Définition

Tout ne se passe pas toujours comme on le souhaite dans le meilleur des mondes…

- Vous n'avez pas décroché la promotion attendue ou le poste que vous espériez.
- Vous avez perdu votre emploi.
- Votre activité ne se développe pas aussi bien que prévu.
- Votre nouveau poste n'est pas à la hauteur de vos espérances.
- On vous empêche de participer à une manifestation ou à une réunion.
- On ne vous a pas proposé un poste qui se libère et que vous convoitiez.
- Votre supérieur hiérarchique refuse que vous interveniez ou que vous vous impliquiez dans un dossier ou un projet.
- Vous n'avez pas été retenue pour occuper le poste auquel vous candidatiez.
- Votre entreprise semble promouvoir les jeunes talents et vous vous sentez mise au placard.

Intérêt

Dans ce type de situation, plutôt que de vous sentir vexée, voire humiliée, ou tout simplement déçue, vous allez pouvoir d'une part identifier en quoi ce qui vous arrive vous aide à conserver ou à renforcer votre assurance ; puis d'autre part réfléchir aux solutions à adopter : identifier la stratégie pour arriver à vos fins d'une autre manière, en profiter pour apprendre de nouvelles choses, etc.

Mode d'emploi

Identifiez les moyens à mettre en œuvre. C'est peut-être le moment de demander à suivre une formation afin de progresser sur un sujet en particulier et pour préparer ainsi votre avenir. Pourquoi ne pas développer votre présence sur les réseaux sociaux, développer votre influence, et vous faire remarquer ? Autre possibilité : vous investir dans des associations ou des réseaux qui, en plus de vous donner un sentiment d'utilité et d'ouvrir des fenêtres sur l'extérieur, vous feront acquérir de nouvelles compétences, voire prendre des contacts avec les personnes auxquelles vous avez accès pendant cette période et dont les conseils ou les « ouvertures de porte » vous permettront peut-être de rebondir.

En pratique

- Nadia Frontigny s'est habituée dès son plus jeune âge, puis au cours de sa vie professionnelle, à contourner les refus. Lorsqu'elle n'a pas ce qu'elle souhaite, elle réussit toujours à obtenir une petite victoire par d'autres moyens, car elle ne cède jamais : par exemple, si elle ne peut s'exprimer lors d'un événement, elle s'arrange pour être présente sur les photos ou les vidéos.
- En 2009, alors que j'avais des envies d'évolution, n'ayant pas pu changer de poste en interne et ma situation familiale ne me permettant pas de prendre le risque de quitter mon employeur, je me suis lancée dans de nouveaux projets, dont l'enseignement dans une école de commerce et l'investissement dans les bureaux de réseaux féminins.
- Bénédicte, que j'ai croisée dans une manifestation de réseau, a accepté un nouveau poste dans un établissement public. Elle pensait que celui-ci étant de taille plus modeste que celui dans lequel elle travaillait, ses responsabilités s'en trouveraient décuplées. Il n'en a rien été. Au contraire, la faiblesse des moyens dont elle dispose l'empêche de prendre des initiatives et de mettre en œuvre sa créativité. En d'autres termes elle est déçue et s'ennuie, voire a le sentiment de régresser. Ce poste lui permet néanmoins d'accéder à des sommités qui peuvent être influentes : elle va en profiter pour exister davantage à l'extérieur de l'établissement, prendre part à des groupes de réflexion, étoffer son carnet d'adresses et ainsi se préparer pour la prochaine étape.

Attention !

- Surtout, n'acceptez pas tout en faisant le dos rond. Il n'y a pas de fatalité !
- Évitez que le provisoire ne devienne définitif.

Adopter la bonne posture

Définition

La posture se matérialise par le langage du corps, l'attitude, la démarche (énergie ou nonchalance), les gestes, l'attitude, la place prise dans une salle ou en réunion, etc. C'est par exemple éviter de passer pour celle qui débarrasse, sert, rédige les comptes rendus, porte les dossiers, etc.

Intérêt

Ce sont de petits détails de votre attitude qui forment l'opinion des autres sur votre personnalité (leadership, autorité naturelle, subordination). Cela va vous permettre de vous mettre en condition et d'influencer le comportement que vous allez adopter et l'image que vous allez laisser. Si vous entrez dans une pièce avec un air soumis, le corps légèrement courbé, vous ne dégagerez pas la même chose que si votre corps est droit et déterminé, le regard direct, et que vous exprimez de l'assurance.

Mode d'emploi

- Tenez-vous droite, ayez une poignée de main ferme.
- Ne vous jetez pas sur la première occasion de rendre service.
- Marchez d'un pas lent et assuré.
- Gardez la tête haute.
- En public, ancrez bien vos pieds dans le sol. Faites des gestes amples, précis et variés.
- Dans une réunion, placez-vous au centre ou aux extrémités. Une fois assise, soignez votre posture : le corps droit, légèrement en avant, adoptez un regard franc et direct, puis détendez-vous. Souriez quand vous vous exprimez (si vos propos le justifient) ou soyez ferme sans être agressive.
- La tenue vestimentaire induit parfois votre posture. Par exemple, imaginez que vous portez un costume de scène « business » et votre attitude suivra.

En pratique

- La tenue que je porte au travail influence mon attitude : assurance, autorité ou proximité. Je l'adapte donc aux circonstances.
- Anne Guillaumat de Blignières et Laurence Peyraut-Bertier sont les coprésidentes de Financi'Elles. Lorsqu'elles interviennent en public, au-delà du professionnalisme de leur discours, elles m'impressionnent : elles ont toujours le mot juste, le style qui convient, une grande élégance. Elles incarnent ce qu'elles représentent : la présidence d'une fédération importante et reconnue comme ce réseau féminin, toutes ces femmes de la banque, de la finance et de l'assurance qui aspirent aux responsabilités. Elles sont respectables et respectées.
- Sarah, l'une de mes anciennes collaboratrices, allait prendre un poste qui allait lui conférer un statut de responsable de l'activité dans laquelle elle exerçait. Comme elle était un peu anxieuse avant la première réunion qu'elle devait animer dans ce nouveau contexte, nous l'avons préparée ensemble. Au-delà du contenu, nous avons travaillé sur la posture, la communication non verbale, sa façon de se tenir sur sa chaise, ainsi que la place qu'elle allait choisir à la table de réunion et qui allait l'aider à prendre la posture qui s'imposait pour tenir son nouveau rôle. Elle a mené la réunion avec sérénité, car elle connaissait parfaitement son sujet, et tout s'est parfaitement bien passé.

Attention !

- Cultivez le sens du service.
- Évitez de vous déguiser et de perdre en authenticité.
- Ne singez pas les comportements des autres.

Fonctionner en réseau

Définition

Le réseau est partout : ce sont vos proches, vos amis et leurs parents, vos voisins, les commerçants de votre quartier, ceux avec qui vous pratiquez une activité sportive, ceux que vous rencontrez en vacances par exemple, lors d'une réunion amicale ou professionnelle, tous ceux avec qui vous échangez un mot, un regard, etc. S'inscrire dans un réseau suppose une action volontaire où les enjeux sont fixes : échange de bonnes pratiques, développement commercial, engagement dans telle ou telle cause, réflexion sur tel sujet. L'inscription formelle à une communauté vous confère en outre un sentiment d'appartenance.

Les réseaux sociaux, eux, peuvent être amicaux ou professionnels (attention d'ailleurs à ne pas mélanger les genres !). Un certain nombre d'opportunités peuvent venir de votre réseau amical : telle connaissance poste un statut annonçant une vacance dans son entreprise, or c'est justement le poste que vous convoitez... Quant aux réseaux professionnels, ils permettent de se mettre facilement en contact avec d'autres professionnels, de demander conseil, de faire des affaires, d'être mis en relation avec leurs propres contacts, etc.

Intérêt

Le réseau permet de comprendre que les interactions vous font progresser, parce que vous apportez votre pierre à l'édifice. Il renforce votre confiance et l'estime de soi, parce que vous rendez service, mettez en relation, ainsi que votre assurance, car où que vous soyez, vous pouvez apporter quelque chose aux autres. Il fait gagner un temps fou, parce qu'il favorise les échanges, les conseils et vous ouvre de nouvelles portes. Il vous aide aussi à vous améliorer, en entendant des points de vue différents. Il permet en outre de sortir de l'isolement lorsque la communication avec les collègues ou la famille s'avère difficile.

Les réseaux professionnels formels ou informels occupent une part très importante de la vie économique, que ce soit pour faire des affaires, obtenir une promotion, une nomination, bénéficier de coups de pouce : solidarité et entraide tacite ou formelle sont la règle entre les personnes d'une communauté, ou parfois des cercles de pouvoir. Je vous conseille donc d'investir différents réseaux, selon vos objectifs. Si vous lancez une activité, il semble inconcevable de ne pas fonctionner en réseau, à la fois pour rompre votre solitude, mais aussi pour vous sentir épaulée, motivée et bien sûr pour développer votre entreprise.

Mode d'emploi

- Intéressez-vous aux autres, d'où qu'ils viennent, qui qu'ils soient. En général, les personnes aiment se raconter. J'ai toujours cette phrase en tête, lue dans un livre : « *Est-ce que tu m'écoutes ou est-ce que tu attends pour parler ?* » Le contact de personnes bienveillantes qui voudront vous aider vous donnera envie de mettre en relation des personnes de votre réseau parce qu'elles ont intérêt à se rencontrer.
- Sur les réseaux sociaux professionnels, après bien sûr avoir soigné votre profil en fonction de vos objectifs, demandez des mises en relation avec les personnes avec lesquelles le contact est le plus aisé : recherchez ceux qui ont suivi le même cursus que vous, travaillé dans les mêmes entreprises.
- Quant aux contacts plus formels, ces personnes que vous rencontrez lors de manifestations professionnelles par exemple, et *a fortiori* si elles vous donnent leur carte de visite, n'hésitez pas à les inviter rapidement à rejoindre votre réseau professionnel digital. Vous pourrez ainsi suivre leur actualité.
- Quand vous intégrez un réseau formel ou informel, pensez d'abord à ce que vous pouvez apporter avant de chercher à tout prix à en tirer quelque chose. Votre plus grande satisfaction viendra probablement de ce que vous aurez apporté. C'est tout naturellement que les autres vous proposeront avec plaisir leur soutien, parfois même sans avoir besoin de les solliciter.

Enfin, pensez toujours à remercier, quelle que soit l'aide apportée. C'est la moindre des politesses et s'avère toujours gratifiant pour votre interlocuteur. L'impression que vous lui faites n'en sera que meilleure !

En pratique

- Nicole Etchegoïnberry a pris conscience très tard, qu'alors qu'elle s'affairait avec ses petites camarades à bien travailler et à récupérer les bons points et les images, les garçons, eux, pratiquaient des jeux collectifs dans la cour. Ils évoluaient en « bande ». Elle l'analyse ainsi : ils fonctionnaient déjà très tôt en réseau et tout devient ensuite plus naturel dans la vie professionnelle…
- Lorsque Marie, une collaboratrice, a dû préparer un scénario pour le tournage d'un film publicitaire, elle a fait appel à son réseau pour optimiser les conditions

de travail : elle a ainsi sollicité une collègue et amie à qui elle avait rendu un service en animant un atelier sur l'innovation au sein de son équipe.

- Lorsque j'ai été désignée femme de l'assurance 2013 par les internautes, j'ai compris la force des réseaux : c'est sans doute parce que j'ai donné de mon temps et des conseils, sans attendre quelque chose en retour, que cette mobilisation s'est produite.
- Véronique, une relation professionnelle de l'un de mes réseaux, a fait savoir un jour qu'elle était à l'écoute du marché professionnel, car ses missions ne correspondaient plus à ses aspirations. Grâce à son réseau, des portes se sont ouvertes, son nom a été donné à des recruteurs. Elle est aujourd'hui très heureuse, car en passe de signer pour un nouveau poste avec un périmètre de responsabilités qui correspond pleinement à ses attentes.
- En créant le réseau des anciens de Cardif, je souhaitais faire perdurer les liens noués avec mes anciens collègues. Lors de nos déjeuners, nous rappelons les fondamentaux du réseau. Si quelqu'un connaît une difficulté de parcours, la solidarité joue. Idem pour les opportunités d'affaires.

! Attention !

- Si vous demandez sans rien apporter en retour, y compris dans les réseaux formels, vous risquez non seulement d'être mal à l'aise, car passant pour une profiteuse, mais également de susciter le rejet.
- Sachez absorber avec discernement tous les conseils qu'on vous prodigue.
- Veillez à ne pas constituer un réseau de façon trop formelle ou académique sans regarder au préalable autour de vous.
- Si vous développez votre entreprise, vouloir vendre à tout prix vos produits ou services à n'importe quel interlocuteur au sein d'un réseau vous nuira.
- Ne demandez pas une carte de visite au bout de dix secondes à toute personne que vous rencontrez.
- Prenez le temps de regarder vraiment les autres au lieu de vivre dans la course aux contacts, aux « *followers* », aux « amis », et aux cartes de visite.
- Essayez de privilégier la spontanéité des échanges sans vouloir à tout prix décrypter un intérêt.

Maîtriser l'art oratoire

Définition

L'art oratoire peut s'exercer dans plusieurs situations :
- la répartie ;
- la rhétorique ;
- la prise de parole en groupe (présentation, formation, etc.) ;
- l'animation.

Il signifie oser prendre la parole dans différentes circonstances. Ceci suppose de s'entraîner, et d'apprendre le cas échéant quelques techniques pour le rendre encore plus efficace.

Intérêt

Une bonne maîtrise à l'oral aide à se faire respecter et à s'affirmer. Cela permet aussi de se démarquer, d'être identifiée comme la spécialiste ou l'experte d'un sujet en particulier, ou encore de se faire connaître ou d'être reconnue. Enfin, cela peut procurer un plaisir intense et renforcer l'estime de soi et la confiance en soi.

Mode d'emploi

- Par exemple, si vous n'êtes pas d'accord avec quelqu'un, dites-le lui en vous exprimant sans agressivité et en vous focalisant sur les faits, c'est-à-dire sur ce qui est dit, et non sur la personne.
- Si vous rencontrez des difficultés avec une personne, n'attendez pas que la coupe soit pleine, au risque de ne plus contrôler vos émotions : réagissez calmement et rapidement mais pas à chaud.
- Utilisez l'humour à chaque fois que cela est possible.
- Dans un groupe, surtout s'il est majoritairement masculin, imposez-vous avec autorité, mais sans agressivité. Si quelqu'un vous coupe la parole, n'hésitez pas à demander qu'on vous laisse terminer. Parlez d'une voix distincte et ferme : si nécessaire, suivez des formations ou des cours pour apprendre à poser votre voix si celle-ci est très douce ou très aiguë. Les techniques oratoires peuvent également être enseignées par des comédiens, des coachs, des journalistes, etc.

- Pour commencer, entraînez-vous à prendre la parole dans votre cercle amical et familial et habituez-vous à voir tous les regards tournés vers vous. Si vous avez l'occasion de faire du théâtre, de monter sur une scène pour parler, faites-le. Même s'il me reste des progrès à faire, j'ai acquis cette compétence en observant, puis en étant coachée par un comédien dans le cadre d'une formation proposée par mon entreprise. Dans l'école de commerce où j'enseigne à parler en public, les progrès accomplis en l'espace d'une journée sont souvent fulgurants : mes élèves s'exercent sur tout ce qui compose la communication (image, posture, gestuelle, ton, regard, implication de l'ensemble de l'auditoire, etc.).

En pratique

- Patricia Delon, habituée dans son environnement familial à s'exprimer dès son plus jeune âge, et de surcroît avec justesse, a fait de l'art oratoire l'un de ses atouts, pour faire passer ses idées, faire adhérer à ses projets, développer son influence. Cela lui a permis en outre d'accroître encore son ambition altruiste de changer les choses sur le plan du management et de la parité, en devenant un « *role model* » et un porte-parole.
- Pour sa part, Nicole Etchegoïnberry a également été encouragée à s'exprimer dans son enfance. Elle manie avec grande aisance à la fois l'art de parler en public et celui de la repartie face à la provocation : elle montre ainsi qu'elle joue dans la même cour que ceux qui l'interpellent.
- L'art de la répartie, c'est aussi prononcer les petites phrases qui font mouche et montrent que ce qui a été dit n'est pas justifié. Un jour de réunion du comité de direction, Marie-Christine, une relation professionnelle, a trouvé l'un des directeurs déjà attablé, qui lui a lancé, un peu goguenard : « *Tiens, voilà les femmes !* » Elle l'a regardé en souriant pour lui montrer que bien que n'étant pas agressive, cette remarque n'était pas adaptée aux circonstances. « *Eh oui, on va pouvoir danser alors !* » a-t-elle répondu. Sa réponse était si inattendue qu'elle a suscité le silence. Aucune autre remarque de cette nature n'a été proférée depuis lors.
- Lors d'un séminaire commercial auquel j'ai participé, la parole était systématiquement donnée par les consultants à ceux qui l'avaient prise sans nécessairement attendre. Deux ou trois femmes à potentiel sont restées en silence. Elles avaient pourtant tout analysé, trouvé des idées tout à fait pertinentes sur le sujet, dont elles m'ont fait part après coup, mais n'ont pas jugé utile de les exprimer en entrant dans ce qu'elles ont appelé « l'arène ». Les consultants ne se sont pas rendu compte qu'ils ne leur avaient pas donné la parole, les oubliant presque. Quant à la hiérarchie, elle s'est interrogée sur la capacité de ces femmes

à prendre des responsabilités, interprétant ce silence comme du désintérêt ou un manque de prestance.

– Lucie, une de mes collaboratrices, a participé au jury d'une école auditionnant des étudiants de dernière année qui présentaient un travail de groupe. Un jeune homme très à l'aise a fait sa présentation comme s'il se donnait en spectacle, sollicitant les sourires et les regards des membres du jury, puis sa camarade, qui semblait avoir préparé consciencieusement le travail, n'a presque plus rien eu à dire, son collègue ayant largement empiété sur sa partie. Un des responsables de l'école s'est exclamé : « *Quel beau travail ! Heureusement qu'il était là...* » Cela a choqué ma collaboratrice, qui avait bien compris que la besogneuse était la jeune fille et le bon acteur le jeune homme. En définitive, c'est lui qui a bénéficié des honneurs.

Attention !

– N'oubliez pas le fond !
– Ne vous lancez pas sans maîtriser un minimum les techniques.
– Gardez en tête les codes d'usage adaptés aux circonstances : à quel titre prenez-vous la parole ? Qui représentez-vous ? À qui vous adressez-vous ? Quel est votre objectif en prenant la parole ?

Maîtriser son image

Définition

L'image que l'on projette se matérialise de plusieurs façons. Il peut s'agir de ce que l'on pense de vous en face à face, de la façon dont vous vous présentez sur Internet, et donc de votre réputation. Lorsque vous arrivez quelque part, vous communiquez : c'est ce que l'on nomme « première impression ». Parfois, on dit même que vous avez deux minutes pour convaincre, ou plutôt pour communiquer des ondes positives, qui donnent à votre interlocuteur l'envie d'aller plus loin avec vous.

Intérêt

En fonction de ce que vous souhaitez faire, d'un poste que vous visez, de l'entreprise dans laquelle vous voulez postuler, des responsabilités que vous envisagez de prendre, des réseaux ou des cercles que vous souhaitez intégrer, votre image constitue un accélérateur ou un frein.

Mode d'emploi

- Demandez à votre entourage professionnel son avis sur vous et ce qui se dit de vous.
- Concernant votre apparence : en choisissant votre tenue de travail, demandez-vous ce que vous souhaitez que votre interlocuteur retienne de vous (classe, experte, professionnelle, autoritaire, leader, compétente, agréable, sexy, glamour, etc.). Il s'avère parfois compliqué de respecter les « *dress codes* » de certains milieux ou fonctions. Lorsque vous avez vraiment acquis de la légitimité à votre poste, vous pouvez vous permettre davantage de fantaisie. Si vous arborez un tailleur austère dans le milieu de la publicité, vous allez probablement vous décrédibiliser. De même, si vous intervenez dans un comité de direction avec une robe fantaisie qui met en valeur votre morphologie, il y a de grandes chances (ou risques) que l'on n'écoute pas vraiment votre discours et ne vous considère pas avec le sérieux qui devrait s'imposer. Vous êtes le premier support de communication de votre entreprise : cela doit vous guider dans le choix de votre look. Certaines entreprises spécialisées peuvent vous aider à trouver celui qui vous mettra en valeur tout en respectant les codes qui vous permettront de mieux réaliser vos ambitions.

- Le contrôle de votre image passe aussi par les réseaux sociaux : si vous êtes présente sur Facebook à des fins privées, cochez tous les paramètres de confidentialité, soignez votre photo de profil, voire modifiez votre nom. Je vous encourage en revanche vivement à figurer sur les réseaux sociaux professionnels, sauf si votre activité exige la plus grande discrétion. Ne postez pas la première photo venue, prise lors d'un repas de famille ou en vacances, ou alors que vous parlez à un micro, à moins qu'à l'instar de jeunes patrons de start-up, vous ayez une telle légitimité que vous puissiez tout vous permettre, y compris passer outre certaines conventions, arborant une tenue vestimentaire confortable (comme un *sweat-shirt* à capuche). Si vous nourrissez certaines ambitions, ce n'est peut-être pas le moment. Évitez les photos glamour, au risque pour vos interlocuteurs de confondre LinkedIn ou Viadeo avec Meetic ; soignez votre maquillage (discret), portez une tenue correspondant aux codes vestimentaires du métier, voire de la fonction que vous visez (la chemise et la veste passent partout), mais évitez les bijoux trop imposants. Veillez à avoir un regard franc, un grand ou un léger sourire, selon votre personnalité. Surtout, faites réaliser la photo par un professionnel. Gardez toujours sous la main une photo en haute définition pour ne pas être prise au dépourvu.
- Sollicitez des recommandations, même si cela peut sembler difficile la première fois. Vous serez sans doute amenée à en rédiger aussi. Dans les deux sens, cela fait réellement du bien ! Demander une recommandation me semble indispensable si vous lancez une activité de services ou envisagez de chercher un nouveau travail, ou tout simplement pour conforter la confiance que vous pouvez ressentir au sein de la structure dans laquelle vous travaillez. Si on vous trouve intéressante à l'extérieur, cela fera peut-être naître en interne un regain d'intérêt pour vous, voire vous mener vers une évolution. Ceci participe du marketing de soi ou « *personal branding* ». Ces techniques empruntées au marketing permettent d'analyser ce que l'on est professionnellement et d'identifier le travail à mener sur soi pour améliorer son comportement et ses actions. Ainsi, vous atteindrez vos objectifs.
- Observez les photos des réseaux sociaux professionnels, en particulier celles des femmes : pour chacune d'elles, demandez-vous si vous auriez envie d'entrer en relation avec elles. Dégagent-elles de l'autorité ? de la sympathie ? Si vous aviez un poste de responsable à pourvoir, penseriez-vous à elle ? Si vous deviez solliciter une chef d'entreprise, auriez-vous envie que ce soit cette femme-là ?

En pratique

- Sandrine Thiéfine est très soucieuse de son image, pour inspirer l'autorité et le respect dans le milieu des pompes funèbres. Cela passe par son apparence : coiffure impeccable, tailleur ou ensemble pantalon sombre et élégant, chaussures soignées. Rien n'est laissé au hasard.
- Carol-Anne Hernandez, à la fois étudiante et déjà entrée dans la vie active, s'est bien rendu compte qu'il y avait des codes, qu'on ne s'habillait pas de la même façon dans les services de gestion ou de back-office que dans les fonctions de développement. Elle s'identifie davantage aux marketeuses, alors, sans trop se forcer, elle adopte le look de rigueur.
- Pour illustrer l'importance du look, de l'image et des représentations, j'ai procédé à un test avec mes étudiants. J'ai pris au hasard des photos sur Internet représentant des personnes dans leur environnement professionnel. Mes étudiants ont pu proposer un métier pour chaque photo, tant l'apparence influe sur la représentation et les éventuels symboles de *leadership*. Ainsi, seule Sheryl Sandberg, directrice générale de Facebook, qu'ils ne connaissaient pas, qui arborait un brushing travaillé, un regard droit et une veste classique, incarnait pour eux une femme leader.
- Après avoir reçu les recommandations que j'avais demandées sur les réseaux sociaux, je me suis rendu compte que ma photo ne reflétait pas l'image que je voulais véhiculer. J'avais voulu me donner un air beaucoup trop sérieux, ce qui ne correspond pas à ma personnalité. J'ai donc transmis un mini-cahier des charges à une photographe qui a réalisé mes photos professionnelles. Depuis, certaines femmes me demandent des conseils à ce sujet...

Attention !

- Si vous essayez de tout contrôler, vous risquez de tomber dans le paraître et de vous oublier.
- Ne perdez pas votre sincérité en construisant un personnage.

Préserver sa santé

Définition

Avant de penser à réaliser vos ambitions, à vous projeter dans l'avenir, il faut que vous soyez en forme et réussissiez à passer outre une éventuelle fragilité, voire un état de santé délicat. « Et vous, comment allez-vous ? » est en effet la question que l'on pose à toute personne qui aide un proche en situation de perte d'autonomie, car c'est la base, presque la condition *sine qua non* pour assumer certaines missions ou responsabilités.

Intérêt

L'exercice physique est un bon moyen d'entretenir sa santé, de prévenir tous les risques liés à la sédentarité, et de se réconcilier avec son corps, que l'on soit mince, fort ou athlétique. Il a aussi des répercussions sur la posture et la confiance en soi. Toutes les femmes interrogées dans cet ouvrage le reconnaissent : l'énergie, souvent associée à un mental d'acier ou à la forme physique, est un facteur facilitateur de réussite. Tout comme le sommeil, pour retrouver son énergie et limiter les problèmes d'inattention et d'irascibilité. Si vous avez de l'ambition, vous allez devoir travailler et vous investir beaucoup, tout en continuant à gérer un certain nombre d'éléments dans votre vie familiale, même si vous avez mis en place des solutions alternatives. Par ailleurs, si vous donnez le sentiment d'être en forme (encore mieux, si vous l'êtes) dans votre environnement professionnel, ou dans vos éventuelles responsabilités associatives, vous attirez et dégagez des ondes positives. Vous devenez ainsi un moteur pour vous-même et pour les autres.

Mode d'emploi

- En fonction de votre tempérament, vous pouvez opter pour des activités calmes telles que le yoga ou le stretching, des sports collectifs, la danse ou la gymnastique un peu tonique, ou encore la marche, voire la course à pied.
- Préserver sa santé, c'est également écouter sa voix intérieure et réduire les causes de stress et de tension qui bloquent moralement ou physiquement : communiquez dès qu'une difficulté se présente avec la ou les personnes concernées, adoptez des stratégies de contournement, essayez de trouver des solutions en vous faisant accompagner par des professionnels dans ou hors de l'entreprise

(service de médiation, médecin, psychothérapeute, etc.), voire quittez votre travail. Vous pouvez également vous investir dans une activité qui vous fera plaisir ou améliorera l'estime de soi si vous êtes momentanément dans une impasse professionnelle. Cela vous permettra de renforcer ou de développer *a fortiori* de nouvelles compétences, ce qui vous rendra à terme plus forte pour réaliser vos ambitions.

- Il est nécessaire en outre d'avoir une bonne hygiène de vie pour être au mieux de sa forme : succombez aux plaisirs de la vie avec modération.
- En toutes circonstances, essayez de trouver le côté positif d'une situation. Par exemple, si comme moi vous passez beaucoup de temps dans les transports, profitez-en pour apprendre, lire ou vous détendre, traiter vos e-mails ou renforcer votre présence sur les réseaux sociaux. Pensez à ce qui vous procure de la joie.
- Voyez du monde, parlez, échangez, donnez, remerciez : le lien social est un excellent « *booster* ».
- Enfin, faites des choses qui vous font vraiment plaisir dans votre vie professionnelle et en dehors. Vos ambitions doivent vous procurer ce plaisir et cet équilibre.

En pratique

- Nadia Frontigny sait que, pour garder la forme, elle doit s'adonner à la pratique du sport. Elle court chaque semaine. Elle a ainsi pris part à La Parisienne, une course à pied qui se déroule chaque année en septembre, au sein de l'équipe de son entreprise, pas uniquement pour participer, mais pour « faire un score ». Le sport, un autre moyen de se dépasser, de partager.
- Christine Doumergue, à la fois infirmière et professeur de danse, connaît mieux que quiconque le besoin d'activité physique. Compte tenu de sa double compétence, au-delà de ce qu'elle met en œuvre pour elle-même, elle peut accompagner ses élèves, notamment les adultes qui fréquentent ses cours, pour se détendre et ainsi bouger en exerçant une discipline artistique de surcroît.
- J'ai besoin de faire des activités qui me défoulent, comme la danse ou la gymnastique en musique, où je retrouve des amies, et le jogging dominical avec mon chien. En outre, les rendez-vous chez les clients où je crée, vends, argumente et présente, ainsi que les moments passés avec les contacts de mes réseaux me donnent de l'énergie, du plaisir. Dans la mesure du possible, je m'arrange pour pouvoir bouger chaque jour, afin de contrebalancer le temps passé dans un bureau, ce qui m'oppresse. Et je dors au minimum sept heures par nuit. Cela me

permet de garder une bonne forme physique et de dégager d'une certaine énergie, qui m'aide à mobiliser autour de mes projets.

Attention !

Avant de vous lancer dans une activité physique, faites un point avec votre médecin traitant.

Se faire accompagner

Définition

L'accompagnement s'envisage de plusieurs façons :

- Celui d'une personne : elle vous porte un regard « miroir », apporte un coup de pouce, prête une oreille attentive et bienveillante, vous fait parler et formuler vos souhaits. Ce peut être un proche ou un professionnel.
- Celui d'une équipe : la force du travail en équipe, des collaborateurs et des collègues, c'est prendre conscience qu'être accompagnée, c'est aussi progresser à travers l'échanger et faire avancer ses idées.
- Celui de votre entourage professionnel : anciens collègues, supérieurs hiérarchiques, clients, prestataires, amis, anciens camarades de classe, réseaux (féminins, professionnels), associations sportives ou artistiques, caritatives ; au travers une conversation, d'une rencontre, ils vous ouvrent les yeux sur les possibles, vous permettent de rendre service, de prendre conscience de vos atouts, voire de développer de nouvelles compétences, etc.

Intérêt

Vous avez envie d'aller au bout de vos rêves, mais seule, c'est un peu compliqué. Un tiers, peut, par ses questions, à travers l'échange, vous faire prendre conscience de vos points forts, vous ouvrir de nouveaux horizons.

Mode d'emploi

- Choisissez une ou deux personnes attentives et bienveillantes (ami, conjoint, mentor), avec qui vous vous sentez en confiance. Parlez-leur de vos envies, de vos difficultés et de vos doutes : cela vous permettra de verbaliser et de prendre conscience de vos compétences et de vos atouts, et de renforcer votre confiance.
- Soyez généreuse : rendez des services sans attendre quelque chose en retour, sans être en permanence dans le donnant-donnant. Sachez écouter et mettre en relation. Grâce à ces services rendus, vous améliorez votre estime de soi, votre confiance en vous et votre assurance.

– Rencontrez des gens, posez des questions, ne restez pas dans votre coin : sachez identifier les opportunités et les tendances. Ce n'est pas en restant seule que vos idées pourront jaillir. Profitez des pauses pour échanger avec vos collègues, par exemple.
– Rejoignez un réseau, car il fédère une communauté avec des points ou des intérêts communs : partage d'une passion, d'un engagement, d'une expérience.

En pratique

– Raghia Battah a rejoint un réseau d'entrepreneurs. Elle reconnaît qu'on est parfois bien seul en tant que chef d'entreprise. Rencontrer ses pairs lui permet de partager en toute confiance, de se rassurer, de trouver des réponses à ses interrogations et d'épauler à son tour les autres.
– Grâce à de fréquents échanges avec son mari, qui avait connu dans sa vie active le même univers professionnel, Sandrine Thiéfine a pu faire certains choix.
– Si Frédérique Clavel a créé Fédération Pionnières, c'est en réponse au regard un peu condescendant de certaines personnes à l'égard des créatrices d'entreprise. Elle s'est rendu compte de la nécessité pour celles-ci d'être accompagnées et portées.
– Je suis souvent sollicitée par des personnes qui sont en transition professionnelle et ont identifié l'assurance ou les services à la personne comme un secteur porteur pour leur projet professionnel. J'essaie dans la limite de mes disponibilités et de mes compétences de les renseigner. C'est une bonne démarche de leur part. Moi-même, avant de lancer mon entreprise, j'ai testé le concept sur les personnes qui pourraient être concernées afin d'ajuster mon offre le cas échéant.

Attention !

– Respectez l'art et la manière de demander.
– Veillez à donner, pas seulement prendre.
– Remerciez quand vous recevez.
– Identifiez bien vos besoins pour choisir vos accompagnateurs.
– Ne choisissez pas un accompagnant chez qui vous susciterez l'envie ou la frustration.

Se faire repérer professionnellement

Définition

Il s'agit de faire en sorte que l'on pense à vous pour une activité, un dossier, une intervention, un poste, ou une mission. C'est extrêmement gratifiant, car cela atteste de vos compétences, de votre expertise ou des projections que telle ou telle personne peut faire sur vous. Attention cependant, car cela peut être à double tranchant : à vous de gérer. Par exemple :

- Vous vous exprimez lors d'une réunion et les participants repèrent certaines de vos qualités, utiles pour une activité particulière.
- Vous mettez à jour votre profil Viadeo ou LinkedIn, travaillant ainsi votre visibilité : vos contacts connaissent votre actualité, vous pouvez être contactée pour un poste. Cela renforce l'estime de soi et rassure.

Intérêt

Si vous êtes besogneuse et faites votre travail sans vous faire remarquer, vous ferez partie du décor ; on risque d'oublier ce que vous apportez à l'entreprise. Si de surcroît, on sait que vous avez besoin de ce poste et que vous n'êtes pas mobile, vous risquez de passer à côté d'opportunités et de stagner.

Mode d'emploi

- Accroissez votre visibilité sur les réseaux sociaux en soignant votre profil et en participant aux échanges (en publiant ou en commentant, vous générez automatiquement des vues sur votre profil).
- Sortez de votre univers pour apprendre et vous faire connaître.
- Envoyez de temps en temps votre CV à un employeur potentiel pour jauger votre employabilité.
- Participez à des réunions professionnelles et échangez.
- Portez-vous volontaire pour travailler sur un sujet.
- Développez des compétences rares (humaines, expertise, etc.) et rendez-vous indispensable.
- Écrivez des articles (attention : si vous le faites à titre professionnel, veillez d'abord à faire valider le principe dans votre entreprise, car vous ne vous engagez

pas seule). Si on vous met des bâtons dans les roues, exprimez-vous en votre nom propre sur votre blog.

- Prouvez que vous avez une compétence particulière.
- Faites savoir subtilement que vous avez travaillé sur tel ou tel dossier, même si votre hiérarchie ne vous met pas particulièrement ou spontanément en avant.
- Contribuez à apporter des solutions.

En pratique

- Alors que sa situation professionnelle commençait à devenir un peu chaotique, quand Frédérique Clavel s'est exprimée lors d'un séminaire, l'un des participants a été séduit par sa verve et la teneur de ses propos. Il lui a proposé un nouveau défi professionnel qu'elle a accepté de relever.
- Je mets toujours mon CV à jour et réponds systématiquement aux chasseurs de têtes. Cela permet de rester inscrite dans les fichiers, de savoir si l'on intéresse encore les employeurs, de voir sur quels postes on peut être positionnée, quel salaire on nous propose, etc. Cela a par exemple été l'occasion pour moi de glisser un petit mot à ma hiérarchie sur le salaire sur lequel on me positionnait et de montrer que je pouvais être demandée ailleurs. Cela renforce ma confiance en moi et ma motivation, car si je décide de rester à mon poste malgré la tentation de la nouveauté, c'est un choix délibéré et non subi… Aujourd'hui, cela me sécurise pour prendre quelques risques vers l'entrepreneuriat.
- Anna est une spécialiste des réseaux sociaux, community manager, de la transformation RH avec le digital. Elle commente des articles sur les réseaux sociaux en rapport avec son activité, elle publie, elle twitte. Elle s'est vraiment créé une identité que j'ai pu découvrir sur le net. Elle m'était familière à travers son profil, le ton de ses écrits, les relations qu'elle pouvait avoir. Elle m'a contactée me laissant entendre qu'elle était à l'écoute d'opportunités professionnelles. Sans hésiter un instant, j'ai souhaité en savoir davantage sur cette personne, ou plutôt personnalité, qui avait su éveiller mon intérêt. Je vais bientôt faire sa connaissance. On verra…

Attention !

- Ne suscitez pas la jalousie de vos collègues : tout est dans l'art et la manière de faire.
- Veillez à ce que votre entreprise, et votre hiérarchie en particulier, ne soit pas obligée de vous rappeler à l'ordre.
- Ne vous surexposez pas si cela est contre-nature.
- Ne passez pas votre vie dans des cocktails, des conférences et sur les réseaux sociaux. Sinon, on risque de penser que vous ne faites que cela, ce qui peut s'avérer contre-productif pour votre image et celle de votre entreprise.

S'interroger sur les conséquences de ses choix avant de s'engager

Définition

Certains choix peuvent produire un impact fort sur l'ensemble de la vie en général et professionnelle en particulier : choisir ses études, un lieu de vie, s'engager dans la vie à deux, fonder une famille, accepter un nouveau travail, suivre son conjoint ou accepter une mobilité professionnelle et changer de vie, exercer des responsabilités dans une association, créer une entreprise, etc.

Intérêt

Il faut rester en accord avec ses choix et ne pas découvrir *a posteriori* les règles du jeu. Si certaines décisions sont structurantes pour l'avenir, pour votre positionnement, cela ne signifie pas que vous ne devez prendre aucun risque, ne tenter aucune nouvelle aventure, ne pas avoir de vie privée. Bien au contraire ! Même si vous ne pouvez tout contrôler, mesurez vos choix et leurs conséquences.

Mode d'emploi

- Si vous avez décidé de faire une pause pour vous occuper de vos enfants alors que vous nourrissez une ambition professionnelle, veillez à ne pas trop vous déconnecter de votre entreprise si vous avez l'intention d'y retourner. Profitez-en pour développer de nouvelles compétences si vous ne voulez pas être dépassée.
- Organisez toute la logistique nécessaire : qui s'occupe des enfants, du ménage, des courses, de l'administratif, des activités et du transport des enfants, des ascendants, des parents fragiles, etc. Il peut s'agir de vous organiser au sein de votre couple, votre famille, votre réseau d'amis, voire de solliciter des aides extérieures si votre budget vous le permet. Si vous ne raisonnez qu'en termes budgétaires, vous hésiterez peut-être à vous engager ; pensez à plus long terme.
- Dans les couples modernes, quand l'un et l'autre veulent mener une carrière, chacun à son tour saisit les opportunités, en fonction des circonstances. C'est probablement la clé d'une autre forme d'équilibre. Bien sûr, si votre partenaire n'est pas carriériste ni n'apprécie les responsabilités, vous pourrez progresser selon vos aspirations.

En pratique

- Céline, une relation professionnelle, est diplômée en actuariat. Elle exerce une fonction de directrice dans un grand cabinet de réassurance. Son mari et elle ont suivi le même cursus ; tous deux veulent à la fois s'occuper de leur progéniture et mener une carrière professionnelle. Ils s'organisent donc à tour de rôle pour aller chercher les enfants le matin et le soir à l'école. Les choses ont été claires dès le départ et chacun a parfois dû expliquer à son employeur qu'il ou elle ne pouvait rester au bureau certains soirs.
- Françoise, une autre relation professionnelle, était directrice générale d'une petite entreprise à Lyon. Quand le propriétaire a décidé de vendre, elle s'est dit que c'était le moment ou jamais de se lancer, elle qui avait toujours rêvé d'avoir son « affaire ». Après en avoir discuté avec son conjoint et ses enfants, alors en âge de suivre des études supérieures, elle a décidé de racheter l'entreprise et de s'endetter en conséquence. Toute la famille a dû se serrer la ceinture pendant quelques années, le temps qu'elle rembourse sa dette.
- Marie-Hélène, une amie de promotion, s'est vu proposer une opportunité pour développer à l'étranger la marque d'un grand hypermarché en Chine et en Turquie. Elle est partie avec son époux qui a alors renoncé à son activité professionnelle stable, et avec ses deux filles. C'est devenu un projet familial.

Attention !

- Ne vous laissez pas aller à la facilité de ne rien faire.
- Évitez de trop calculer.
- Voyez d'abord les possibilités, avant de considérer les freins.
- N'essayez pas de tout contrôler, au risque de devoir renoncer.

Susciter l'intérêt

Définition

Il s'agit de faire en sorte que l'on ait envie de vous écouter, de vous aider, d'adhérer à votre projet. Je préfère cette notion à celle de « se vendre » quand on parle de soi ou « persuader », comme un bras de fer qu'on aurait remporté. Susciter l'intérêt vise également à faire agir : accompagner, acheter, recruter, se faire recruter, etc. C'est enfin faire en sorte que votre présence, votre contribution, votre avis, soient recherchés.

Intérêt

Toute relation professionnelle, de partenariat, ou de développement commercial comporte deux composantes essentielles (le préalable étant la qualité de l'offre, le rapport qualité/prix, en supposant qu'il n'y ait pas d'interférence politique ou hiérarchique) : d'une part l'envie de travailler avec son interlocuteur, ce qui relève plutôt de l'émotion ; d'autre part sa compréhension de ce que vous recherchez. Autrement dit, il faut qu'il ait identifié les non-dits ou entendu le discours et ses nuances. Ceci suppose donc qu'il ait écouté. Ainsi, si vous voulez décrocher un emploi ou en changer, il faut que ce que vous avez de plus, de différent, saute aux yeux du recruteur afin qu'il ait envie d'en savoir davantage.

Mode d'emploi

Votre réputation (voir la fiche « Maîtriser son image ») ou celle de l'entreprise que vous représentez vous a précédée : vous inspirez un *a priori* favorable. Il vous reste à transformer l'essai. Les premières minutes sont très importantes.

– Il faut adopter l'attitude adaptée : que voulez-vous que votre interlocuteur se dise en vous voyant dès les premières secondes ? Autre prérequis : la bonne posture (sourire, poignée de main, position du corps, occupation de l'espace). Enfin, sachez écouter : chacun aime parler de soi, de son entreprise. Si l'occasion vous en est donnée, parlez de votre projet, mais n'hésitez pas à commencer par questionner d'abord en reprenant la main.

– Vous pouvez récapituler le contexte de votre rencontre en laissant votre interlocuteur terminer votre phrase, puis compléter sur sa manière de voir les choses si vous avez commencé à vous exprimer avant lui.
– Veillez à ce que chacun se sente impliqué quand vous prenez la parole. Imaginez un fil qui vous relie à chaque personne présente et veillez à ce qu'il soit toujours tendu par la force de votre regard.
– Cultivez votre différence, le petit « plus » qui vous distingue des autres. Ne cherchez pas toujours à être lisse et dans la norme, vous risquez de devenir transparente.
– Intéressez-vous aux autres ! C'est un excellent moyen pour qu'ils fassent de même. Observez par exemple dans les clubs de vacances les animateurs : même s'ils ne vous connaissent pas, ne viennent pas du même milieu, ni n'ont les mêmes centres d'intérêt, leur mission consiste à faire en sorte que chaque vacancier soit heureux et se sente unique. Très vite se crée une proximité : ils appellent chacun par leur prénom, les tutoient généralement, leur posent des questions, qui permettent aux vacanciers de se livrer dans les limites du raisonnable. Ce sont l'intérêt et le temps qu'ils portent à chacun qui contribuent à la satisfaction des clients. N'hésitez pas à vous en inspirer !
– Le « *personal branding* » vous permettra d'analyser vos points forts et de voir quelle stratégie privilégier pour susciter encore davantage l'intérêt.

En pratique

– Lorsque Raghia Battah a décidé de lancer son entreprise de services à la personne, elle n'avait pas un sou en poche, mais une telle énergie et une telle volonté qu'elle a convaincu ses interlocuteurs de différentes municipalités de se mettre en quatre pour faciliter l'installation de son entreprise et le développement de son activité tout comme celui de l'emploi local.
– Dans tout entretien commercial, tout se joue pendant les premières minutes : le ton, le sourire et la posture sont essentiels ainsi que l'écoute. Je m'arrange toujours pour que mes interlocuteurs présentent en premier lieu le contexte ou leur structure. Cela me permet de mieux les percevoir, de comprendre ce qui les anime, d'identifier leurs enjeux personnels et professionnels dans la discussion. J'adapte ainsi mon ton et mon discours. Je choisis ma tenue vestimentaire en fonction de mes interlocuteurs en conciliant ma personnalité avec les codes professionnels que je souhaite transmettre et ceux que j'imagine correspondre avec l'univers de mes interlocuteurs.

- Lorsque j'entre dans la salle de classe, j'ai plutôt intérêt à susciter rapidement l'intérêt de mes étudiants pour pouvoir assurer mon cours. Je dois faire en sorte de les inciter dès le démarrage à parler d'eux et à les faire intervenir pour créer une attente quant aux cours consacrés aux sujets suivants : « comment parler en public », « négociation » ou « management ». Ils commencent par se présenter, évoquant les situations qu'ils ont vécues. Ces mises en pratique dès l'introduction puis le débriefing qui succède leur permettent de se rendre compte que ce cours n'est pas que théorique et que chacun y trouvera un intérêt personnel.

Attention !

- Pensez à travailler le fond pour éviter de ne susciter l'intérêt que par l'apparence.
- Essayez de rester subtile, sans vouloir à tout prix faire parler l'autre lorsque vous n'y êtes pas invitée.

S'affirmer, demander, proposer, refuser

Définition

- Verbalisez.
- Par exemple, vous n'êtes pas d'accord avec une décision qui a été prise et qui vous concerne.
- On ne vous a pas consultée sur un sujet alors que vous estimez qu'on aurait dû.
- Un collaborateur se comporte différemment de ce qu'on attend de lui.
- Des réflexions sont proférées à votre encontre, parfois sur le ton de la plaisanterie.

Intérêt

Il est nécessaire que vous exprimiez vos limites. Sinon, vos interlocuteurs vous en demanderont toujours plus et vous risquez de vous épuiser physiquement et même moralement si vous vous en voulez de ne pas avoir eu le courage de vous manifester. Ils n'agissent pas nécessairement dans le but de vous nuire, parfois ils ne s'en rendent tout simplement pas compte. Il faut être juste avec soi-même et avec les autres. Dans son livre *L'homme qui voulait être heureux* (Anne Carrière, 2008), Laurent Gounelle décrit un personnage qui reçoit des gages : il doit notamment obtenir des refus, des « non » à des questions ou des demandes qu'il juge improbables, et finalement se rend compte qu'il obtient, hélas pour ses gages, très facilement des « oui ».

Si vous ne l'exprimez pas, comment les autres pourraient-ils deviner ce que vous voulez ? Comment votre hiérarchie peut-elle connaître vos souhaits ? Comment telle ou telle personne peut savoir qu'elle peut vous aider dans la réalisation de votre projet ? Certaines des femmes interviewées pour cet ouvrage m'ont confié qu'on leur avait proposé et qu'elles avaient réussi. Pour ma part, j'ai plutôt demandé, fait connaître mes intentions, même si je n'ai pas toujours obtenu gain de cause.

Posez-vous la question : qu'est-ce que je risque ? Même si la réponse est négative, ce ne sera pas *a priori* la fin du monde. Vous risquez surtout d'obtenir ce que vous souhaitez !

Et si vous recadrez quelqu'un, ou lui refusez sa demande calmement, en expliquant vos motivations, il y a de grandes chances que l'on tienne compte de vos souhaits et qu'on les respecte à l'avenir.

Mode d'emploi

- Allez voir la personne concernée.
- Évitez d'agir sur le coup de l'émotion, à chaud, car vos mots et votre attitude risquent d'être improductifs.
- N'attendez pas que la situation s'envenime pour intervenir, pour régler des différends par exemple. Si vous proférez des reproches à quelqu'un trois mois après, il ne s'en souviendra peut-être plus…
- Exprimez-vous calmement : « *Je ne te permets pas de dire cela…* », puis argumentez le cas échéant.
- Soyez toujours factuel.
- Remerciez, félicitez, complimentez.
- Présentez les points de satisfaction et ceux d'insatisfaction et proposez des solutions.
- Intervenez toujours calmement, jamais agressivement, et expliquez factuellement si nécessaire.
- Proposez vos compétences, un projet, n'attendez pas nécessairement que l'on vienne vers vous.

En pratique

- Dans les transports en commun, en particulier lorsque le train est un peu bondé et qu'une personne laisse fièrement trôner ses sacs de courses ou son cartable sur un siège, faisant mine de ne pas vous avoir vu, j'adore demander à celle-ci m'asseoir là. Elle me regarde souvent d'un air désagréable, car oui, je la dérange en voulant m'installer. Plutôt que de lui faire une leçon de morale, je lui demande de me laisser la place. Elle va bougonner, puis me regarder. Je la remercie en souriant : elle se sent valorisée et me rend mon sourire.
- Nicole Etchegoïnberry a exprimé son souhait de décrocher un poste de directeur de banque. Elle a d'abord accepté le poste intermédiaire qu'on lui proposait, tout en réitérant son souhait, et au moment venu, a pu enfin atteindre son but.
- Monique, une relation professionnelle, vice-présidente d'un groupement professionnel, était assise à côté de son président, au sein d'une assemblée masculine. Ce dernier s'est tourné vers elle : « *Monique, vous pouvez aller nous chercher des boissons ?* » Elle l'a regardé en souriant : « *C'est parce que je suis une femme que vous me demandez cela ? Adressez-vous plutôt à M. X qui est près de la porte, ou faites appeler votre secrétaire.* » Le directeur s'est excusé auprès d'elle après la réunion, se demandant pourquoi il avait agi ainsi…

– Après avoir participé à une conférence proposée un matin par le réseau féminin du groupe, Jocelyne, une collègue, est repartie pleine d'énergie et de volonté à son bureau. Quand elle a découvert que pendant son absence, son responsable avait confié à sa collègue des présentations et à elle un travail qu'elle jugeait moins gratifiant, elle s'y est opposée : « *Je ne suis pas d'accord, ce n'est pas ce qui avait été convenu. Je dis toujours oui, alors c'est facile ! Mais là, trop, c'est trop. Je vais demander ma mutation dans un autre service.* » Quelle surprise et quelle satisfaction pour elle de voir son responsable surpris et très ennuyé, cherchant à trouver des solutions et à en reparler !

Attention !

– Acceptez de ne pas être « aimée ».
– Acceptez qu'en dépit d'avoir exprimé une demande, on vous dise non.
– Acceptez d'être critiquée.
– Acceptez d'être enviée.

Se dire que c'est possible

Définition

Il s'agit ici de voir la bouteille à moitié pleine plutôt qu'à moitié vide ; de se persuader que quand on veut, on peut. C'est aussi garder la force et l'énergie qui vous permettent de construire, d'avoir des projets et d'aller au bout de vos rêves ; et éviter de renoncer à cause de ses propres freins, ses propres projections avant d'avoir essayé.

Intérêt

Se dire que c'est possible permet de s'accrocher. C'est ce qui vous permet d'avancer et d'atteindre vos objectifs. Je n'aurais pas fait le quart de ce que j'ai accompli si je n'avais pas tenté l'expérience ni eu la naïveté de me dire que c'était possible : donner des cours dans une école de commerce alors que je ne l'avais jamais fait, être volontaire pour présenter des spectacles alors que j'avais pris deux ou trois fois le micro à l'occasion de fêtes de famille, entrer en relation avec des personnalités de premier plan, alors que rien ne m'y prédisposait. On peut appeler cela de la confiance, du culot, de l'audace ou de l'optimisme.

Mode d'emploi

- Quand vous avez énuméré toutes les bonnes raisons de ne pas agir (je n'ai pas le temps, je n'y arriverai jamais, je n'oserai jamais, je ne suis pas assez ceci ou cela, etc.), listez celles qui montrent le contraire. Si vous n'en trouvez pas, demandez-vous ce qui vous manque pour que cela devienne possible et quels moyens vous devrez mettre en œuvre. Parfois, il faudra vous documenter, travailler, rencontrer des gens, et surtout oser : demander, prendre des risques, vous lancer.
- Si vous voulez créer une entreprise, mais que vous n'avez pas d'argent, renseignez-vous auprès de sites Internet comme ellesentreprennent.fr, apce.com, et ceux des chambres de métiers ou de commerce qui vous informeront et vous orienteront vers les structures adaptées. Pourquoi ne pas faire appel au *crowdfunding* (financement participatif) ou à des réseaux de soutien ?

– Plutôt que d'essayer immédiatement de gravir une montagne, lancez-vous des mini-défis : notez-les, puis cochez-les quand vous les aurez relevés. Ceci vous motivera.
– Si vous voulez changer de métier, faites-le savoir dans votre entreprise, qui vous accompagnera probablement en vous proposant les formations adaptées. C'est plus simple que de quitter une société pour faire quelque chose de totalement nouveau pour vous.

En pratique

– Un jour, ma hiérarchie m'a confié la responsabilité d'un dossier sur la domotique. Je savais à peine ce que c'était... Après avoir fulminé, pesté, stressé et crié dans mon fort intérieur que je n'y arriverais jamais, j'ai méthodiquement approfondi le sujet, lu, écouté, interrogé. Sans être devenue une spécialiste, j'ai acquis les bases nécessaires pour animer un groupe projet composé de spécialistes, ce qui m'a procuré l'un des plus grands plaisirs de 2013 et permis de renforcer mes compétences.
– Lorsque Christine Doumergue a décidé de devenir professeur de danse à plus de vingt ans alors qu'elle était déjà infirmière, tout le monde lui a dit que c'était surréaliste, impensable, qu'elle n'y arriverait jamais. À force de ténacité et d'organisation, elle a réussi à passer ses diplômes, même si elle a mis un peu plus de temps que les autres, et vit depuis lors une double existence d'infirmière et de professeur de danse.

Attention !

– Ne cédez pas à la naïveté : soyez consciente de vos moyens physiques et intellectuels, ainsi que de vos compétences, et visez des objectifs atteignables.
– Ne vous lancez pas dans le vide ! En fonction de votre situation, assurez-vous de disposer d'un filet de sécurité et vérifiez-en la solidité.

Développer une stratégie

Définition

Pour développer une stratégie, il faut commencer par en définir les grandes lignes, puis les garder à l'esprit. C'est aussi connaître les passages obligés et avoir défini les moyens d'atteindre son but, en mettant en œuvre les actions nécessaires.

Intérêt

Cela permet d'identifier la meilleure façon d'atteindre ses objectifs, et donc ses ambitions : passer par telle case, adopter tel comportement, rencontrer telle personne et aller à tel endroit. Un directeur m'a parlé un jour de la stratégie du jeu de go. Je n'ai jamais été férue de jeux de stratégie militaire ni vraiment initiée, mais j'ai appliqué toute ma vie professionnelle ce qu'il m'a expliqué. Le principe est simple : pour convaincre quelqu'un, il faut procéder par étapes, en rencontrant tous ceux de son écosystème qui peuvent agir en faveur de votre projet, voire parler de vous.

Mode d'emploi

Une fois défini ce à quoi vous aspirez, listez les moyens à mettre en œuvre pour y arriver :

– Si vous visez un poste en particulier, comment créer l'opportunité de rencontrer ceux qui vous permettront d'y arriver ?
– Si vous voulez travailler dans une entreprise en particulier, cherchez dans votre réseau informel ou formel ou *via* les réseaux sociaux ceux qui peuvent faciliter la mise en relation.
– Vous désirez obtenir un coup de pouce de quelqu'un ? Arrangez-vous pour lui demander conseil sur un projet ou votre situation. Très logiquement, il vous proposera des mises en relation.
– Vous souhaitez que votre profil de réseau social professionnel soit consulté pour vous positionner, développer votre influence, dans le cadre du développement de votre activité, etc. ? Créez des groupes sur ces réseaux, publiez des articles ou des billets en lien avec votre activité, postez des commentaires dans des groupes : vous réussirez ainsi à accroître votre visibilité, car cela génère souvent des consultations supplémentaires de votre profil.

– Si vous visez un poste de manager, voire rêvez d'accéder au comité de direction, observez, écoutez... On n'attend plus de vous que vous sachiez tout exécuter parfaitement, mais de pouvoir faire travailler ensemble des personnes qui sauront parfois mieux faire que vous. Ne cédez pas à un sentiment d'imposture si vous les dirigez... En outre, comprenez ce qu'il faut dire et ce que vous ne pouvez dire, ce qu'attendent de vous vos pairs et vos responsables, afin de ne pas vous perdre dans les détails et d'aller à l'essentiel, donc à la stratégie. Vous pouvez vous faire aider d'un coach ou d'un mentor pour y voir plus clair.
– Vous pouvez bien sûr également jouer le collectif : appuyez-vous sur certaines personnes et aidez-les à atteindre leurs objectifs ; c'est gagnant-gagnant et on est plus fort à plusieurs.

En pratique

– Quand Frédérique Clavel a voulu lancer Fédération Pionnières, elle a compris qu'il fallait frapper fort et relativement vite. Elle a donc tout fait pour être mise en relation très rapidement avec un ministre, faisant jouer ses contacts pour obtenir le rendez-vous.
– Ayant à l'esprit le lancement de mon entreprise en 2014, je suis méthodiquement entrée en relation depuis 2013 sur les réseaux sociaux professionnels avec tous les interlocuteurs qui pourraient devenir des prestataires ou des partenaires, compte tenu de leurs activités respectives.
– Hélène, une relation professionnelle, sait qu'elle risque de ne pas rester éternellement dans l'entreprise qui l'emploie, qui n'a pas d'états d'âme pour mettre de côté, voire licencier du jour au lendemain les collaborateurs portés aux nues quelque temps auparavant. Le climat est donc à la fois très stimulant pour la développeuse qu'elle est et très stressant. Elle se dit qu'elle doit exister par ailleurs. Elle a décidé de consacrer 20 % de son temps professionnel au « réseautage », que ce soit sur les réseaux sociaux ou dans des manifestations professionnelles : c'est bénéfique pour elle non seulement à titre personnel, car elle est connue, identifiée, et devient un « personnage public », mais également pour son entreprise, car elle est la première ambassadrice de la marque et accède ainsi à de nouvelles opportunités d'affaires.

Attention !

- Ne cédez pas à la manipulation, au risque de perdre votre spontanéité et votre sincérité.
- Veillez à ne pas considérer les autres comme des objets au service de vos intérêts.
- Ne vous entêtez pas à appliquer une méthode rigide et linéaire, voire scolaire, si les circonstances économiques, organisationnelles ou environnementales chamboulent vos projets. Dans ce cas, adaptez-vous et changez de cap.

Remettre en question sa trajectoire

Définition

Examinez votre parcours et les étapes franchies : il s'agit ici de se demander si l'on est toujours sur le chemin de ses rêves sur le plan professionnel ou si l'on s'est un peu oubliée ; ou encore si l'on fait fausse route et si c'est le moment de prendre un nouveau chemin, de lever la tête du guidon pour voir où on en est et où on veut aller.

Cette envie de redonner du sens à sa trajectoire peut par exemple se manifester au sein d'une grande entreprise : quand vous passez le plus clair de votre temps en réunion à dessiner des rosaces sur votre cahier ; quand vous devez défendre une stratégie qui ne vous convient plus ; quand vous prenez conscience que mettre toute votre énergie au service d'un actionnaire qui ne réinvestit pas dans l'humain ne correspond pas à vos valeurs ; quand vous avez une quarantaine, voire une cinquantaine d'années et que vous estimez qu'il est temps de penser (enfin) à vous et à vos envies, que vous en avez encore « sous le pied » et souhaitez à présent accélérer ; ou encore quand vous en avez assez de travailler pour un employeur et rêvez de savourer le sentiment de liberté à travers l'entrepreneuriat, etc.

Intérêt

Cette remise en question va vous permettre de prendre conscience que la route est encore longue. La vie en général, et professionnelle en particulier, est jalonnée d'obstacles et d'opportunités. Les mobilités dans l'entreprise peuvent être non seulement transversales et vous rendre riche de compétences variées et complémentaires, mais aussi ascensionnelles. Il peut aussi s'agir d'une situation de rupture ou familiale, de perte d'emploi, de changement d'organisation, etc. Si vous ne vous sentez plus en adéquation avec vos valeurs, il est temps de vous questionner. Dès lors que vous aurez librement choisi une nouvelle voie, vous ne verrez plus les choses comme avant.

Mode d'emploi

- N'hésitez pas à solliciter un bilan de compétences dans votre entreprise ou *via* le DIF (droit individuel à la formation).
- Si vous aimez le jogging, mettez-vous à la course à pied : personnellement, c'est toujours à ces moments-là que j'ai rendez-vous avec moi-même !

– Parlez-en à vos proches. Si vous avez un coach ou un mentor, c'est le moment de faire un état des lieux. Si vous n'en avez pas, identifiez une oreille attentive et bienveillante qui vous aidera dans vos réflexions.
– Interrogez-vous de façon spontanée. Par écrit, complétez cette phrase : « Quand je serai grande, je serai... ; je ferai... », quel que soit votre âge, puis analysez ce qui vous vient à l'esprit.
– De même, demandez-vous ce que vous avez le mieux réussi dans votre travail au cours de l'année qui vient de s'écouler et ce qui vous a procuré le plus de satisfaction. Je pose systématiquement la question à mes collaborateurs lors des entretiens annuels. Outre me forger ma propre appréciation, cela me permet de comprendre ce qui les anime vraiment et ce vers quoi il faudrait les orienter dans leur évolution ou leur progression de carrière. Je me la pose également à moi-même une fois par an. Je m'interroge aussi sur ce qui me procure le plus de plaisir. Cela m'aide à réfléchir sur la suite de ma trajectoire, m'éclaire sur ce que je pense savoir bien faire, et me donne envie de relever des défis et de me dépasser.

En pratique

– À quarante-cinq ans, Frédérique Clavel s'est rendu compte qu'elle n'avait pas encore « porté » la grande réalisation de sa vie. Ce sont ses différentes expériences de cadre dans la banque, les succès, les frustrations et les difficultés qu'elle a rencontrés au moment de se lancer en repartant presque de zéro qui l'ont convaincue de l'utilité de son grand projet, qui allait au-delà de son propre intérêt : la création de Fédération Pionnières.
– Claudine était l'une des rares femmes ingénieurs dans une grande structure de l'énergie. Elle dirigeait des équipes d'ingénieurs et de techniciens. Au milieu de sa carrière, alors qu'elle avait toujours œuvré dans la partie industrielle, on lui a proposé un poste d'adjoint DRH. Elle a d'abord trouvé cela un peu incongru ; cela ne la faisait pas vraiment rêver, compte tenu de son appétence pour la technique. Au final, elle a accepté. Quelques années plus tard, lorsqu'un poste de directeur de filiale s'est ouvert, elle a tout naturellement proposé sa candidature, cette double compétence technique et sociale représentant autant d'atouts pour réussir dans ses nouvelles fonctions. Elle a ainsi réussi à relever ce nouveau défi.
– En 2013, le départ de mes fils de la maison a été un élément déclencheur. Même si j'avais bien d'autres centres d'intérêts personnels et professionnels, mon projet principal consistait jusqu'ici à les mettre sur les bons rails. Qu'est-ce qui allait à présent me donner envie de me lever tous les matins, pas seulement pour gagner mon salaire ? Quel serait mon nouveau projet ? J'aime mon travail, mais

les longues heures de transport me pèsent. Depuis plusieurs années, je rêvais de créer mon entreprise. C'était sûrement le moment.

Attention !

- Réfléchissez bien à votre projet avant de tout « balancer ».
- Ne tombez pas dans la déprime en contemplant le chemin parcouru, mais regardez plutôt ce qui reste à parcourir avec une lueur de joie dans les yeux, car toutes les expériences génèrent leur lot d'éléments positifs.

Conclusion

J'ai confié à un certain nombre de personnes de mon entourage personnel et professionnel que j'étais en train d'écrire ce livre. Les réactions sont amusantes et m'interpellent aussi parfois…

Des interrogations légitimes

- *Pourquoi « aux filles » ?*
  Cette question peut se poser pour les garçons comme les filles. Cependant, comme elle est abordée peut-être un peu plus naturellement chez les garçons, cela vaut la peine de s'arrêter sur l'ambition des filles, d'autant plus que c'était le titre du débat télévisé auquel j'ai participé en 1983. La question mérite donc d'être posée de nouveau, plus de trente ans après.

- *Il me semble que les jeunes en général manquent d'ambition. Mes enfants notamment (en période de baccalauréat, certains parents ont quelques états d'âme…). Tu traites de cela dans ton livre ?*
  Ce n'est pas là le propos, je ne propose aucune recette miracle. Quel est le terreau fertile à l'ambition ? Quel degré d'autonomie ces jeunes ont-ils reçu ? Quel est leur modèle familial ? Quel sens de l'effort leur a-t-on transmis ? Quelle est leur quête de sens ? Diffère-t-elle de celle de leurs parents ? On est ambitieux quand on a un rêve, un modèle, quand on a envie de se projeter… J'aime cette phrase d'Hélène, que j'ai croisée dans une réunion professionnelle, me confiant, très angoissée avant les résultats du baccalauréat : « *Ah oui, ma fille est ambitieuse ! Elle a fait un stage de trois jours dans un cabinet d'orthophoniste. Elle trouve cela très intéressant et a le toupet de me dire qu'elle pourrait ouvrir un cabinet demain, pas besoin de faire des études ! Comme si ces trois jours lui conféraient cette compétence : elle ne se rend pas compte…* »

- *C'est intéressant, je vais parler de ton livre à mon épouse, car elle est actuellement dans une période d'entre-deux et se pose beaucoup de questions…*
  Probablement qu'un bilan de compétence ou un coaching serait plus adapté, ou encore du mentoring ou un parrainage. Cependant, les témoignages recueillis ici auront peut-être pour vertu d'être des catalyseurs, de faire réfléchir, de donner envie et d'insuffler l'énergie pour agir.

- *Si on ne réussit pas professionnellement, on est une moins-que-rien ?*
La question n'est pas là : il ne s'agit pas de porter un jugement. Ceux qui ont la chance de se réaliser, que ce soit dans leur vie familiale, personnelle ou professionnelle, voire les trois à la fois, ont beaucoup de chance. À chacun et chacune de choisir ses priorités et si possible de ne rien subir. Tout le monde n'a pas d'ambition « professionnelle » ; certains, hommes comme femmes, préfèrent « s'éclater » d'une autre manière. L'essentiel est d'avoir un projet, une passion, quelque chose qui fait avancer en profitant néanmoins du moment présent. On sait bien que les circonstances de la vie font qu'on n'a pas toujours le choix tout le temps. Mon propos est tout simplement de dire que oui, les filles, les petites filles, les jeunes filles et les femmes peuvent nourrir une telle ambition professionnelle et que leurs rêves et leurs aspirations vont parfois au-delà des clichés. Un certain nombre de facteurs favorisent peut-être cette émergence, cette naissance et cette renaissance.

- *Moi qui avais de l'ambition, je suis en ce moment au creux de la vague. Ton livre va-t-il me donner des solutions ?*
Peut-être pas complètement. Néanmoins, les histoires des unes et des autres relatées ici montrent que la vie professionnelle n'est pas un long fleuve tranquille. Ces moments de baisse de régime peuvent être l'opportunité de progresser d'une autre manière — les fameuses « stratégies de contournement ». Le lecteur pourra donc éventuellement retrouver une partie de son énergie dans ces lignes.

- *Réaliser son ambition suppose que l'on ait confiance en soi et repose quelque part sur l'estime de soi. En parles-tu ?*
Il est sans doute vrai que la confiance en soi et l'estime de soi ont un rôle à jouer. Cependant, j'aborde l'ambition par le prisme de l'expérience et de l'observation, pas de l'analyse psychologique ou psychiatrique. Ce n'est pas mon métier et je n'aurais aucune légitimité à le faire. Ce ne sont pas ces quelques pages qui permettront à chacune d'appliquer des recettes miracles... Le processus est bien plus compliqué, long et organisé, et relève des professionnels de santé, des psychothérapeutes, ou encore des coachs. Dans leur livre *Vous avez tout pour réussir* (InterÉditions, 2014), les psychologues et professionnels des ressources humaines en entreprise Sylvie Bernard-Curie et Christophe Deval donnent quelques pistes à ceux et celles qui ne veulent plus se laisser prendre au piège par leurs pensées et leurs émotions négatives, et souhaitent se débarrasser des fausses excuses pour faire face aux coups durs.

- *Mes filles ont sept et onze ans. Il faudra vraiment que je lise ton livre !*
J'ai peur que ce papa n'ait pas trouvé de recette miracle dans cet ouvrage, comme je le soulignais plus haut. Cela étant dit, qu'il en saisisse l'importance est un bon signe. Je

suis donc plutôt optimiste. Écouter, stimuler, favoriser l'émergence du goût du risque et de l'effort, voire de la compétition sportive notamment, rassurer sans surprotéger, encourager (sauf en cas de danger) un côté aventurier, permettre des identifications sur des modèles de femmes qui incarnent cette ambition et peuvent faire rêver les petites filles, enfin être bienveillant me semblent des pistes à suivre. Surtout, il ne faut pas leur inculquer la douceur et la docilité à tout prix.

Finalement, comment l'ambition vient-elle aux filles ?

Même si j'avais quelques préjugés en commençant à écrire cet ouvrage, je me rends compte que tout est beaucoup plus subtil. Certes, l'enfance, et même avant cela, l'histoire et la culture familiales, les traditions, voire les religions, et la façon de vivre sont tout à fait prégnants. Les femmes dont il est question dans ce livre ont-elles été conditionnées ou non toutes petites par des attitudes, des modèles, des stéréotypes ? *A priori*, nulle n'a été élevée en « garçon manqué » ; aucune d'entre elles n'a été conditionnée pour devenir une domestique parfaite, une femme soumise ou une lolita. Certaines des femmes interrogées venaient de famille où il n'y avait que des filles, ou étaient filles uniques. Est-ce un hasard ? Les projections des parents ont-elles, de par ce fait, été moins stéréotypées ? Ces filles ont d'abord été considérées comme des personnes à part entière et pas en fonction de leur sexe... Leur destinée aurait pu être tout autre si elles avaient eu un frère, car inconsciemment ou même consciemment, les comportements des parents auraient été plus orientés en fonction du genre des uns et des autres.

Quant à celles qui ont des frères, elles n'ont pas ressenti dans le regard de leurs parents qu'ils faisaient réellement une différence entre eux. Se sentir soutenue et valorisée par la sphère familiale ou à défaut par son environnement proche permet de se sentir libre de se projeter vers un succès professionnel. Permettre aux filles de prendre la parole, de jouer elles aussi aux aventurières, de se mouvoir, de se libérer de toute notion de différence liée à la domination ou à la soumission d'un sexe sur l'autre s'avère sans doute un atout pour le développement de leur ambition. Dans certaines situations, c'est une rupture familiale qui a été le déclencheur, puis le moteur d'une certaine forme d'ambition : « *Plutôt que d'être victime, je serai actrice de ma propre vie, professionnelle notamment : j'y arriverai.* »

Ces femmes sont toujours en mouvement, profitent du moment présent, tout en ayant d'autres idées en tête. Elles ne renoncent pas pour autant à leur vie personnelle. Elles se projettent : il faut qu'elles sortent de cette zone de confort à un moment donné. Elles n'ont pas toujours identifié leur ambition, ce sont parfois des circonstances de la vie, des rencontres, qui leur ont laissé entrevoir des perspectives qu'elles n'imaginaient pas.

L'ambition est alors venue plus tard, bien plus tard... Et puis, elles ont pu être épaulées par des compagnons qui ont partagé cette ambition, voire l'ont encouragée, ou parfois par des collègues, des patrons ou des mentors, femmes ou hommes, qui leur ont fait confiance.

Elles ont souvent identifié leurs aspirations, exprimé ce qu'elles voulaient, en particulier quand elles se sont rendu compte qu'on pouvait attendre longtemps si l'on ne verbalisait pas ses intentions ou ses envies. Elles ont souvent pris part au débat, dans les réunions, se sont exposées, fait remarquer, fait avancer les choses en s'exprimant publiquement. Un cercle vertueux s'est mis en place : reconnaissance, confiance, estime de soi... et probablement audace, prise de risque, donc parfois échec, mais le plus souvent succès. Parfois c'est en milieu de carrière que la prise de conscience devient évidente. Elles se disent : « *J'ai toujours bien travaillé, cela ne m'a pas trop mal réussi, mais je rêve à autre chose dans mon travail. Oui, je reconnais que je suis ambitieuse et je l'assume, même si dans mon esprit, je suis convaincue que c'est l'atteinte du pouvoir qui va me permettre de réaliser mon ambition.* » En effet, l'ambition ne s'arrête pas à une quête de pouvoir, mais c'est bien ce dernier qui permet de réaliser son ambition.

On ne peut donc pas répondre de façon simple, forcément simpliste, à la question de savoir comment l'ambition vient aux filles, même si chaque histoire, chaque témoignage, chaque analyse livrés à ce sujet par ces femmes apporte une partie de la réponse...

À vous de jouer !

J'ai été approchée (et photographiée) en avril 2014 par un photographe professionnel, François Sechet, qui a décidé de mettre en lumière des visages de Françaises qui incarnaient la réussite, le leadership au féminin, des patronnes, des influentes, des lauréates, des personnes ayant porté un projet particulier dans un domaine où on ne les attendait pas, avec un vrai souci des autres et de l'humanité. Certaines des personnalités présentes dans son travail artistique figurent également parmi les personnes qui ont participé à cet ouvrage. Il souhaite accompagner l'évolution de la place des femmes, de leurs actions, et montrer qu'ambition ne signifie pas nécessairement écraser les autres, ni n'est synonyme d'arrivisme, mais peut au contraire s'avérer très noble, voire humaniste. Nos projets convergent en ce sens.

L'écriture de ce livre a été un sacré défi, une belle nouvelle expérience. Quelle joie et quel bonheur d'avoir pu recueillir les témoignages de ces femmes, jeunes et moins jeunes, qui se sont confiées avec confiance pour faire avancer les choses !